負能量的吸引力法則

正視並接受負面情緒，迎接更好的自己

「逆」引き寄せの法則

MACO——著　李喬智——譯

「反」吸引力法則是什麼？

情緒低潮，不想見到任何人，
總是在責怪自己、自我否定，
反正怎麼樣都不可能順利的思考模式……

不要把類似像這樣的消極情緒，
當成是負面思考而避之唯恐不及

相反的——相反的

要將它當作是身邊的親密好友，
好好地面對、好好地與之相處，
這就是真正能夠活用吸引力法則的實踐方法。

正是因為有「內在」，
「外在」才能閃閃發光，
正是因為消極，所以才能一切順利！

想不想用完全顛覆以往的方法，
將自己從沒體驗過的最大幸福召喚到眼前呢？

前言
「超級消極的我」

大家好。我是心靈教練MACO。我藉由書籍、部落格、演講等方式，分享改變人生的提示及實踐的方法，讓更多人能積極地將人生改變成自己想要的樣子。

這次，思考模式超級消極的我，就是想將吸引力法則的實踐方式，介紹給有緣翻開這本書的讀者們。透過採取「相反方式」的行動，可以咻地一聲改變人生！

所謂的吸引力法則，是指「自己所發出的波動（能量），可以吸引與己相似的事物」。換句話說，如果自己本身能夠一直保持好心情，無論外界發生任何事情都不會讓你產生消極的情緒，那麼這樣的能量就可以順利吸引同樣的好事發生。

不過，我們人的情緒並沒有這麼容易掌控。無論怎麼做、不管多努力，在轉變成好心情之前，難免會冒出「討厭的感覺」，這就是人啊。

不管我們再怎麼逼自己正面思考，到頭來還是行不通，所以想不想要另闢蹊徑呢？教你一個可以徹底掌控消極狀態的應對方法，**反過來在生活中將消極情緒當成長期往來的老朋友，用跟一般情況完全相反的概念**來試著改變世界。

這就是本書的主題——**「負能量的吸引力法則」**。用相反的方式接受負能量，並藉此召喚幸福的「負能量吸引力法則」，主攻的是跟一般觀念完全相反的實踐方式，所以又稱為**「反」吸引力法則**。

本書的第一章將說明消極的情緒與負面思考所擔綱的任務及性質。理解之後，第二章再具體地分享「反」吸引力法則的理論。

第三章則是介紹「反」吸引力法則的實踐案例及方法。

最後的第四章、第五章是應用篇。這兩章的內容除了會有提升「反」吸引力法則的能量，並將其進一步轉化為「超意識」加以活用的相關內容，還有為了拿掉限制性框架所必須要理解的時間概念，藉以說明如何活用所謂的吸引力。

在我小的時候，常會聽到有人形容「MACO真是個神經質的孩子」，「神經質」基本上指的就是「凡事都想太多、容易杞人憂天的人」。

在跟朋友一起玩的時候，明明大家都玩得很開心、聊得很愉快，但只要一跟大家分開，變成自己獨處的時候，我就會開始想著：「剛剛應該沒有多嘴，或是說了會讓人心情不好的話吧？」我就是這樣的一個孩子。

在學校或其他地方也是如此，一旦身邊傳來小小的談話聲，感覺好像有人看著我並窸窸窣窣地講悄悄話，我就會認為「他們說不定是在說我的事情」。這種想法會一直在我腦海揮之不去，而且我還會不斷回想，自己有沒有對那些講悄悄話的人說過什麼不應該說的話？不停地自己一個人在腦海裡追溯過往所發生的事情，這就是我的生活樣貌。

即使長大成人，情況依舊如此，好比說用E-Mail或Line將訊息傳送出去後，我就會開始想著「我寫的方式能清楚表達嗎」、「如果對方誤解成別的意思，該怎麼辦才好」，然後不斷反覆閱讀，想要找出自己「沒做好的地方」。總而言之，我就是有這種庸人自擾的習慣。所以真的很羨慕可以一直保持明確方向來思考的人，因為我是個超級負面的人啊。

如今，我學習跟情緒和平共處的方法，以及吸引力法則，所以一切都慢慢地產生變化。儘管如此，生活中被消極的情緒所掌控、難以重新恢復的日子，還是所在多有。

充斥著煩惱與消極，因而過得疲累不堪……從這樣的生活中抽離，讓吸引快樂的吸引力法則開始發揮作用；從改變自己的態度做起，對自己承認「我就是這麼消極負面」，然後開始探求跟情緒和平共處的方法。

就這樣，「反」吸引力法則誕生，改變人生也真的成為可能。

在潛能開發及心靈成長等類型的書籍中，總會要大家隨時隨地保持笑容，因為有了光明、正向的思維，任何事情都可以順利推展！

但是，我們人就是會有各式各樣的情緒啊，所以想必你也很想說：「如果真有那麼簡單，我就不用累成這樣了！」

一旦想要勉強自己忘卻，或是驅趕在腦中形成的想法，會讓我們的心多增添一分辛苦。

消極狀態真的是非得消除不可的東西嗎？真的完全沒有帶來任何好處，單純就是個壞蛋嗎？

從心理學的層面學習到許多知識之後，我勇於將焦點鎖定在負能量、消極狀態，並採取行動加以實踐。

結果**我終於明白，就是因為有陰暗面，所以光明面才能如此閃耀**，而這個世界上所有事物的陰與陽，源頭都是合一的。

現在的我可以直視消極狀態，並且徹底接受它，與之共生、共存，不會再想著要加以消滅。如此一來，人生也就漸漸開始大放光明。

在本書中，我會透過「改變我的人生，讓消極狀態瞬間轉換成幸運」的實際案例，來說明「反」吸引力法則的實踐秘訣。請大家務必好好運用在日常生活中，如果大家願意使用，將是我最大的榮幸。

外在與內在兩者是合一的，事實上內在的好處也是充滿能量的，關於這方面的實踐方法，我將在本書中完整公開。

目錄

第2章 讓負能量轉化為幸運的「反」吸引力法則

第3章 將消極轉化為積極結果的行動與習慣

第4章 面對負能量，接收宇宙訊息

第5章 轉換時間的概念，專注於當下

第1章

負能量是改變人生的鑰匙

「反」吸引力法則是什麼？

一開始我想要說明本書的書名——負能量的吸引力法則，即「反」吸引力法則，指的究竟是什麼？

所謂的吸引力法則，就是跟自己的波動（頻率）相近的事物，會被吸引到自己身邊來的一種能量法則。

所以說，如果自己的波動是好的，就很容易會吸引讓人感到開心的事物，道理就是如此。換言之，積極狀態當然是比消極狀態要來得好，好心情也比低落的心情要來得好。

這的確是無庸置疑的。因為當人保持正面思考及情緒時，波動沒有不好的道理，如果可以一直維持在這樣的波動，某種程度上來說是相當理想的。

有很長的一段時間，我一直在尋求自我實現的理論，以及達成願望的方法，但我發現，我所學習的所有內容，大多都是說「消極狀態是不好的，無論如何，請讓自己維持積極正面！」或者像是「如何排除消極狀態」等等。

總之具體來說方向就是：「**如果我們不將自己的消極情緒及負面思考撲滅，就不可能如願以償。**」

然而，我的人生卻沒有因為那些理論而有所改變。

這時有一個很大的疑問在我腦海湧現。那就是：「消極狀態真的是不好的嗎？」

在此請讓我直接說結論：當然沒有不好。好比說在感覺到恐懼的時候，就是清楚了解自己到底會對什麼感到害怕的好機會，而且也可以得知，原來當消極情緒或負面思考浮現的時候，我們會討厭自己、責備自己，所以才會感覺到痛苦萬分、感覺到身體變得僵硬無比。

身體一旦太過僵硬，靈感就難以發揮作用，而沒有辦法接收來自宇宙的訊息。

然而有幾次我發現，如果不要抗拒，心裡想著「啊啊，原來是這麼一回事啊」，就這樣單純地接受，反而很快就會釋懷。

沒錯。通常我們都會把消極狀態當成討厭鬼，一直想著要消除它，或裝作視而不見，但我發現，若能將這樣的做法完全逆轉，反而可以讓吸引力法則順暢地開始運作。

不是用「怎麼才能讓自己不要冒出消極情緒來？」之類的做法，而是「把目光全都集中在消極狀態」、「好好地盯著消極狀態看，就好像用聚光燈打在它身上一樣」、「不要有敵對的心態，而是要把它當成朋友」之類的，改以全然相反的觀點來看待。

「負能量的吸引力法則」是用全然相反的觀點來看消極狀態，因為實踐方法跟一般概念相反，所以才說是「反」吸引力法則。這本書所寫的內容，就是使用「反」吸引力法則來讓人生大為改變。

盯著百年月曆藉以逃避現實

我在二十幾歲的時候，因為想要改變自己痛苦的人生，開始沉迷於學習自我啟發及潛能開發。那時候剛成為社會新鮮人，薪水還很少，但我卻將獎金及每個月的儲蓄，用在購買教材及聆聽講座上，每天都過著這樣的生活。

在某一份教材中，有一個像是附錄一般的資料，是當年度的「百年月曆」（100 years calendar）。就如同名稱所顯示的，它正是從當年度算起一百年內的月曆。整份資料就像是一張大海報一樣，將為數眾多的月曆表格併排在一起，不過由於是描繪了一百年的日程表格，所以每個月的格子都不大。

我從小生長的家在經濟方面比較辛苦，幼稚園開始就經常因為父親工作的關係而轉學，因此儘管我什麼都沒做，還是會被說：「轉學生了不起啊。」每次轉到新學校，在新學期剛開始的陌生階段，我總是交不到什麼朋友，而且還養成看人臉色的習慣，心裡老是在煩惱許許多多的事情。

那時候，我完全無法以「光明的未來」為前提去思考。但因為真的太痛苦了，所以事實上我每天都在期待日子可以變得光明燦爛，希望自己的心靈獲得改變、願望也能夠一一實現。帶著這種想法去學習的每一天。也就是在這個時期，「百年月曆」成為我非常喜歡的工具（但使用方法卻完全搞錯了……）。

原本這是用來規劃往後一百年的計畫，也就是每年為了實現目標的紀錄工具，但我卻會想著，今年過得又苦又累，不知道明年會如何，如果可以變好的話那就太好了，三年後應該會更加幸福愉快吧，十年後呢、五十年後呢，到時候我還活著嗎……我就一直想著這些，結果培養出「為了逃避現實」而盯著年曆看的習慣。

這明明是一個為了提升實現自我的動能，並讓自己擁有明確目標的工具，但我卻完全搞錯使用方式。

現在的我非常能夠理解這樣的做法不可能帶來任何好的吸引力，但當時我完全不懂，只是一味地沉浸在五十年後、六十年後的那些完全無法想像的時空裡，藉以逃避眼前應該要面對的事物。

每天只要在月曆上畫一個×，心裡就會覺得鬆一口氣

跟月曆有關的消極狀態，還有一個實例。我喜歡在辦公室及家裡的各個地方都貼上或擺設月曆，辦公室的小小辦公桌上，就放置了好幾個，在同一個房間裡也會貼上好幾張。看到月曆上的數字時，就會想著「今天是○月○日，真是辛苦的一天，如果有哪一天不是像這樣就太好了。」我就是用這種方式從當下的痛苦逃離。

然後，在漫長的一天終於結束，我就會用黑色粗蕊筆在當天的框框上滿滿地畫一個×，把那一天消掉。當下真會有無以名狀的快感。「啊，今天總算結束了，雖然沒有發生什麼好事，但好歹結束了。」帶著這樣的想法去畫×，有種奇特的療癒效果。

而且，到禮拜三左右，我還會將禮拜四、禮拜五「事先畫上×」。明明才剛到禮拜

三，我還是會用黑色的筆狠狠地將桌上月曆（桌上可是有兩到三個呢）的禮拜四、禮拜五（真的很難過的話連六、日也會一起）打×畫掉。

不只如此，有時候當月來到二十日左右，明明接下來還有十天，我仍會從二十一日到三十日（或三十一日）全部都先用×畫掉。

也就是說，從二十日到三十日的這段時間，我都是看著被畫了×的月曆日期在工作的。當月還剩下十天左右，我卻已經徹底抹去，開始過下個月的日子。這其實也是不想要看到「現在這個當下」的逃避行為，同事們如果看到我這種舉動，應該會覺得我有病吧。

透過這種行為，我可以欺騙自己的大腦說：「痛苦的一周已經過去囉」、「痛苦的一個月已經過去囉」，這就是我自我療癒的方式。

我經常會跟自我否定的消極狀態對戰，像是不管做什麼事都會惴惴不安、因為對自己沒信心所以否定自我、老是被安排了不想做的事情或跟討厭的人一起工作，以及因為我沒有能力所以才會變成這樣……等等。

自己內在的思考（傾向）及意識（狀態），都會於外在彰顯出來，所以每個當下的想法，真的就是會照本宣科地顯化成現實。但我當時還太年輕，心裡想的就是工作很辛苦，而人際關係方面也覺得跟坦率的人比起來辛苦許多。靠著消去月曆上的日期，就可以對消極狀態視而不見，如此一來心裡會覺得鬆一口氣，感覺好像獲得了療癒。

「人唯有處於積極狀態才能實現夢想」從這個謊言中清醒

就人生來說，抱持積極的思考模式是非常重要的一件事。

但是絕對沒有「非積極思考不可」、「不保持積極思考願望就無法達成」之類的事情。

我想這個部分大家多年來都有所誤解。心裡感覺很難過，或是陷入空前低潮時，**如果還勉強自己，告訴自己「現在不是沉浸在低潮的時候，快往前走！」那麼就會跟自己真正的想法產生落差，進而造成心理狀態更加不穩定。**

在這個世界上的確有人能夠隨時隨地保持積極陽光的心態，但大多數的人在生活中還是常常會有瞬間陷入低潮的情況，也常常會覺得別人很討厭，甚至偶而會浮現一些小奸小惡的想法。而且，我們還會因而產生罪惡感，斥責自己不可以這樣想。

然而，事實上真的沒有必要責怪自己。**因為消極狀態或負面思考，其實是為你帶來一個訊號，**讓你知道自己「正邁向美好的未來」，而且它會轉化成改變的鑰匙，讓你的世界變得更加光明。

「不保持正面思考願望就無法達成」請將這類長久以來的舊觀念捨棄，**從今天開始請下定決心，「接受消極狀態所給予的訊號或覺知，一步步邁向你所期待的未來、一步步改變世界」。**

我認為，消極狀態所帶給我們的好處，遠比積極狀態多。

當人心感覺到「真是的，為什麼會發生這種事……」的時候，就是開始用「哲學」審視自己人生的好時機。

「為什麼會發生這種事？」說這句話的時候心情想必不會是開心、愉悅的吧。但是，如果只有開心、愉悅的情緒，那麼恐怕就連「為什麼會變這樣？」等等的疑問都不會在心底浮現。

當消極狀態出現，或自己因為親身經歷的事情而冒出負面思考，就會開始問自己：「我的人生真的可以這樣過下去嗎？」「我真正想做的事情到底是什麼？」「為什麼我總是會像這樣用消極狀態來處理事物呢？」

面對這些問題，就是「進化」的開始。**令人大感意外的是，抱持積極的情緒，並不會為世界帶來任何改變。**

所以我們一生之中都沒有必要為了消極狀態而煩惱，因為如果可以能將其視為「豐盛的訊號」來接收，那麼接下來面對自己所期待的人生時，就能夠察覺那些反覆出現的行為模式或思考方式。活用這個方法，一步步朝著自己想要的方向做出改變吧。

你一直以來都給消極狀態貼了許多不好的標籤，首先，就從撕掉這些標籤開始做起。

對自己「提問」，就不會被消極擺佈

人的大腦很容易被「會動的東西」所吸引。比起自己的內在，我們會更加在意「外在」，不僅對會動的東西（物體）如此，舉凡人們所說的話，或是任何外界所發生的事情，都包含在內。意思就是比起自己，我們更加在意外界的一切。

比如小孩子會卯足全力去追趕會動的東西。對孩子來說，興致盎然地專注在這件事情上，是成長的必經過程，但是長大成人之後，還對於自己本身以外的事物太過在意，就不能說是好事了。

對於世界上那些被視為常識的事情，我們所做出的判斷往往只來自特定的人或身邊的人，而且還會因為身邊的人所抱持的價值觀，就認定所有人都是這麼想的……

若你的大腦總是在意外界的事物，那麼「我自己想要這麼做！」之類的想法，就有可能會被抹煞。

外界的聲音，那些紛紛擾擾的噪音，是形成這個世界的一部分，儘管對此相當在意，但你有想過自己是怎麼想的嗎？雖然外界有事件發生，但你會如何自處呢？就像這樣，**即使你真的相當在意外界的事物也沒關係，只要在那之後問問自己「如果是我，會怎麼想呢？」養成將思考的軸心拉回自己內在的習慣。**

這並不是要你完全忽視外界的一切，**而是你必須知道，在面對資訊或刺激時，最重要的是保有自己內在的軸心。**

在聽到些什麼，或是看到些什麼的時候，馬上就認為「**這麼說來，好像的確是如此……**」採用這種感受方式是相當危險的。因為會這麼想，表示可能沒有建立起自己的思維軸心。

以上這些問題，其實很容易化解，透過詢問自己：「如果是我，會想怎麼做？」即可，所以並不需要到處去追求外界的刺激，讓消極狀態把你搞得七葷八素，請善用「發問」的方式來維持自己的中心意識。

不要光用頭腦去生活，一定要用上身體！

在既有的自我啟蒙及身心靈領域，有很長一段時間都把鏡頭鎖定在大腦中的話語，像是「思考啊思考……」「意識啊意識……」改變思考模式，人生就會為之一變。這麼說當然沒有錯。因為首要之務就是必須要從思考、意識開始改變。

然而，有很多人會因為過度將重點放在思考及意識上，所以便認為「只要這樣就夠了」，這也是不爭的事實。就目前為止我所接收到的問題之中，我發現很多人會問：「總之只要改變思考及意識，就可以改變人生了，對吧？」

當我被問到這樣的問題時，我都會這麼回答：「你沒有忘記身體（肉體）也相當重要吧？心靈與身體是互相連動的喔。」

因為我們人類所採行的系統，並非光是由思考及意識這種看不見的東西所構成，而是透過**非常非常重要的「身體」這個物理性的「型態」，將「思考及意識」改變的結果彰顯出來**。若是身體不存在，意志就不可能發動。

所以說，什麼思考啊！意識啊！如果只有看這個部分，那等於就只有看到整體事物的一半而已。在自我實現的路上總是差那麼臨門一腳，其實原因大多落在這裡。

首先，思考模式及意識的改變是很重要的。但我們必須要了解，改變之後讓自己最重要的「身體」實際去付諸行動，才能夠真正造就無與倫比的體驗。

用重視思考及意識的同等程度來看待身體的體驗，就是成功的祕訣。

舉個具體的例子，好比說當你心裡想著「好想吃那家店新推出的蛋糕喔！看起來好好吃！」於是馬上去買來吃吃看。如此一來，值不值得吃第二次、對自己來說是不是算得上美味等等的反饋，立刻就能得知。

「好好吃啊！」這樣的感受所帶給身體的能量，可以在潛意識刻劃下「好好吃，我好幸福喔！」之類的印記。

如果只有在腦海裡想像「吃了之後的感覺」，然後就沒有下一步了，那麼身體就完全無法體會那個頻率，當然也就沒辦法轉換成喜悅的頻率。所以請多多增加類似像這樣的小小體驗，不需要考慮太多，讓身體持續去體驗就對了。

有想要去的地方，就出發前往吧；有想看的東西，就去親眼看看。

一旦決定「我要用自己的軸心來過活！」那麼別人的意見開始左右你的時候，你就再次問問自己內心真正的想法，並且在得到答案後，不管三七二十一先採取行動再說。

當你透過這種方式使用自己的身體，所感受到的其實就是「得償所望的頻率」。

用你的眼睛、耳朵、肌膚等感官去感受，這就是我所謂的行動。

沒有行動，就無法帶動真正的吸引力法則。雖然說有些行動的門檻可能相當高，但日常生活中相信還是會有許多我們做得到的事情。如果可以先逐步累積類似的體驗，那麼身體的頻率自然就會跟著意識一起向上揚升。沒有什麼東西能夠贏得過身體實際體驗的頻率，所以不用想得太難，趕快讓身體累積體驗吧！

「單純接受」是與消極狀態最基本的相處模式

當頹喪等消極情緒出現，我想應該有很多人會反射性地告訴自己「不可以這樣想！」並且立刻將這種感覺壓回心底深處，或是在消極情緒一浮現就直接予以否定。

這是下意識、反射性的一種習慣，但其實完全不需要這麼做。應該是說，把這種習慣放下吧！在此請讓我提出一個建議：

「消極狀態浮現的時候，就任其存在吧。」

生活中的確會有些不想面對的情緒出現。比如工作上發生什麼不愉快的事情，就會產生想要攻擊他人的情緒，或者是某個人會讓你覺得「那傢伙真討人厭！」

其實有這樣的想法真的無傷大雅。因為我們是人，難免會如此。

像這類的**消極情緒，請「任其存在」吧**。就讓它從裡到外浮現，讓它可以被看見，讓它發散出來。這些事件之所以會發生，原因就在於「**有正視的必要**」。或者應該說，我們要把它「**視為即將結束**」的一件事。

仔細深入想想，消極情緒其實也是自己的一部分。所以請把它當作是從自己身上剝除的東西。

明明是自己的一部分，但卻想著「不能這樣想！」並加以否定。這等於是在否定自己的存在。否定自己內在的消極狀態，**跟否定整體的自己是一樣的**。

因此，當消極狀態浮現時，請想著「哎呀，原來還有這種東西呀，這也是我的一部分！」**單純地用「任其存在」的方式接受就好了。**（單純想著「原來有這種情緒啊！」就可以了。）

一旦接受了，就不會再否定，等於是接納自己，結果當然也會是好的。這就是跟消極情緒和平共處的基本方法。

一般來說，傷口在治療過程中會結痂，而這個痂總有一天會自然剝落，不過如果硬是要摳除，就會流血。放著不管，任其自然剝落，然後再變回好看的皮膚。面對消極情緒時也是如此，浮現了就任其存在吧，用溫和的心情照看就好，請不要老是想著「不這麼做的話、不那麼做的話……」也不要有過多的碰觸。

陰陽調和

這本書從頭貫徹到尾的撰寫主軸，就是將焦點放在陰暗面，而非光明面。基本上並沒有哪一個好、哪一個不好，而且本來就是兩者都很好，只是「各有各的優點」而已，沒有哪個是不好的。

只是，我之所以會朝著正面並接受消極面（陰暗面）的方向來撰寫，主要是因為陰陽的關係，就跟前面所提到的心靈（意識及思考）與身體之間的關係是一樣的，同樣都是互相連結、互相支援的關係。

正是因為有陰影，所以光才能如此閃耀，才能讓人清楚看見。每一個角色都有各自的職責，陰暗面存在，光明面才能閃閃發光。它們彼此都只是在克盡職責而已。

若想要擴展正向且積極的心態，讓自己大放光彩，就試著同等看待陰陽，能將兩者

都視為重要事物，就可以接收到兩者的好處。

如果只看光明面，那就得不到陰暗面的好處了，甚至就連陰暗面有好處也渾然不知。我們的世界有白天、黑夜。無論缺了哪一方，那麼另外一方也不可能單獨存在（會變得無法辨別）。因此任何一方都是非常重要、不可或缺的。

因為有陰暗面，光明面才能閃閃發光。陰暗面（陰影、負能量）存在的任務，就是讓光明面（正面）發光發熱。

看到目前為止，如果讀者能認同「**陰陽沒有優劣之分**」、「**陰陽具有同等價值**」，我會感到無比欣慰。

事實上你內在的陰與陽也是如此，具有同等價值。

即使換成以人的角度來看，「我超喜歡〇〇的！」這樣的感覺，跟「我討厭ＸＸ，跟他相處好困難」，這兩種想法具有同樣的價值。或許這個事實令人感到相當震驚。畢竟我們以為，喜歡就是好的，而討厭應該一直被貼著不好的標籤。

但是，並沒有這樣的事情。「不好對付的人令人討厭！」當這類情緒出現，或許是在傳達某些訊號給我們。

陰暗面（負能量）的好處、恩賜，這是一定會有的。

說不定那就是為了讓你發現原來自己有這些想法：「超過必要程度地否定自我的思維習慣」，或者是「明明就相處得很辛苦，但卻不得不勉強自己去應付」。

這樣的陰暗面（負能量）就是為了讓我的某個部分閃閃發光，所以才會被看見的吧？

請試著讓自己停下腳步，好好地問問自己。我相信你一定會有所發現，為了讓你的光明面更加閃耀所需要的改變，跟陰暗面息息相關。

能量只會往上或往下

我們的大腦很討厭改變。特別是在面對激烈的改變時，會產生強烈的恐懼反應，導致自己不想改變、墨守陳規。

我想應該有很多人聽過「體內平衡」，這是維持體內恆常狀態的機能，不讓改變發生，讓一切回到原點的一股力量。應該有不少人會因為行動或情緒的欲望無法持續而感到煩惱。

那麼，接下來就讓我們用能量的觀點來思考。這個世界所有一切，都是由能量組成，最小的物理單位是粒子。我們人的身體也是由能量組成，就連思維也是如此，雖然看不見但卻會發射能量。

我們也可以稱它為頻率。重點是，這種能量的性質有一個特色，那就是很難維持現狀。

從我們出生，一直到肉體死亡為止，要一直維持著同樣的狀態是不可能的事情。當然，思考及意識要維持同樣的狀態也是不可能的。儘管速度會因人而異，但身體及心靈一定會持續進化。

能量本來只有**「動」的性質**，所以沒有辦法停下來，也不可能一直維持在同一個狀態之下。

重點在於，**能量只能往上或是往下**。而基本上我們人都帶著「往上」的性質。**無論是誰，都會期待身體及心靈向上進化，這樣的能量就是我們的本質。**

然而在活著的過程中，能量的本質產生扭曲，因而造成向下使用能量的情況。什麼時候會這樣呢？就是在自我否定，說著「我不行！」的時候，甚至我們還會否定那個自我否定的狀態，就連否定的言詞也加以否定……一旦有這樣的情況產生，能量就會持續向下。

首先，對於你所否定的事情，請試著用「那也沒關係啊」的心態予以接受。

光是如此，就可以從負面回到平衡點，轉化為中立的能量。因為正面的能量太強大，所以我們都會有「必須要正面思考」的傾向。**但事實上處於中立（也可以說是中庸）的狀態**，就可以發揮最大的能量了，所以不用擔心。

量子力學及空性理論中所提到的「零點能量」，指的就是所有的能量進出的地方。**零點是所有一切的創造原點，這裡存在著全部的頻率**。

無論是高頻或是低頻，所有的頻率都是由這裡產生的。低頻要揚升的時候，也是會在通過零點後向上發展。將其視為連接上下的串聯點應該比較容易想像吧。

也就是說，只要能夠保持中立，那麼就可以轉化成所有的頻率。接受正在**自我否定的自己，對自己說：「這樣很好。」這樣做，等於做好轉移到任何頻率的準備。**這樣的能量比正面積極還要強。我再強調一次，這是因為所有的頻率都匯集在零點的關係。

回到主題。

我們的身體（外表）會一點一滴地產生變化，我們無法用同一個思維方式過完這一生，原因就在於能量的性質是動態的、是會產生變化的。而能夠創造這種能量的，就是我們人類。

我們無法維持現狀，不是往上，就是向下。了解這個概念之後，我相信應該不會有人想要特意向下發展。不去努力勉強自己提升能量也不要緊，只要停止自我否定，告訴自己「這樣很好」，一起來增加保持中立的時間吧。

一定有人會討厭易變的事物，甚至認為那是不對的，所以首先要讓自己停止對改變的否定，當然這也包含自己的思維及情緒的變化在內。

如此一來，**身體的能量就可以維持中立，展開實際的行動讓更多高等級的細胞不斷不斷地生成，促使我們一步一步改變成為我們想要的樣子。**

改變就是進化。請務必理解這種能量的性質。

排除消極狀態！但卻無法順利的原因

有很多人對於消極的情緒會假裝視而不見，就好像把發臭的東西掩蓋起來一樣。喊一聲「滾到旁邊去！」然後加以排除。我發現真的有很多人會用這樣的方式處理。

事實上，這麼做很難創造自己期待的人生。被忽視的消極情緒，因為失去了該去的地方或改變的契機，所以就會像病毒一樣永遠在心底深處悶燒，時不時帶來強烈的動盪，而且不停反覆出現。

沒有辦法治本的理由只有一個，那就是「想要排除」的這個想法。

就像前面的內容所提到的，無論任何事物都是由陰陽兩面構成。硬幣有正反兩面，有夜晚也有白天，有負面消極也有正面積極，缺了任何一方都無法存在，而且彼此都擁有「為了促進彼此職能」的工作目標。

如果**單只接受自己消極負面的部分，並且加以否定，那可不光是否定了自己的一部分而已，根本就等同於否定了全部的自己。**

說得更清楚一點，**意思就等於是在說「雖然我的右手很好，但左手不行唷！」**這樣的理由壓根就不成立，不是嗎？

可是，說不定真的有人只喜歡右手，並且覺得左手真討厭。但無論如何，**都只要單純地「接受」就好了**，不需要否定任何一方。

在真正能夠認同左手右手具有相等價值之前，持續用「是啊，我的確這麼想，但這種否定的想法差不多可以放下了」的態度來面對否定感即可。

請記得，用「排除」的方式來處理消極狀態是很難達成的，反而應該要好好地去面對。希望大家都可以用疼愛的心情看著消極狀態，因為「消極小姐也是有她自己的主張啊」。

「真是辛苦妳了。」當我們主動面對，並將意識投向一直以來都被忽視的情緒，眼前的現實狀況會開始產生變化。畢竟對任何人來說，被忽略都是很難受的事情。

要知道，即使被說「我討厭你」，至少都還表示自己的存在是被接受的，但是假裝看不見，或是不管存不存在都叫人家「滾開」，這樣的態度根本就無法溝通。

消極負面的情緒也是你的一部分，只要傾聽它的心聲，就可以化解彼此的敵對關係。

「討厭」OK，「不行」NG

那些對自己來說難以捉摸的麻煩情緒，你是否覺得沒辦法輕鬆面對？所以即使我說：「只要持續『接受』就沒問題。」應該還是會有人覺得「真的有那麼簡單嗎？」

所謂的接受，**其實就是有度量。**

對於他人的事情，或是外界所發生的事，我們往往都會用「這個不行啦、那個不行啦」之類的方式，立刻加以評論。當然，所謂的「就接受吧」，指的並不是「喜歡上一切」。

「我討厭那個」這種說法，跟「我覺得那個不行」，兩者所表現出來的性質全然不同。

「討厭」是充分認定了自己的情緒，然而「不行」只是自己的評價而已。是用自己的價值觀加以判斷的意思。明明性質如此迥異，卻還是經常被搞混。

基本上，有討厭的東西或不擅於應付的事物，根本無傷大雅。或者應該說，每個人都會有。然而，我們都不應該因為討厭某人，就認為「那個人不該存在！」

如果是用接受的心態，那麼想法就會變得像是：

「我跟那個人真是處不來啊（真討厭啊）……雖然說我討厭那個人，但我覺得有這樣的想法也沒關係。儘管他的價值觀跟我無法契合，但他可以好好過自己的人生，而我也可以依照自己的價值觀好好過日子。」

就是這樣的感覺。不需要否定自己，也沒有必要介入對方的世界。處不來的情緒浮現的時候，坦然接受就好了，至於對方的存在也是如此。即使再怎麼勉強自己也沒辦法喜歡上對方，所以像這樣放下是ＯＫ的。

重點在於，無論是對自己或是對對方，都不要給予任何評論（好或壞的評價）。

「接受＝接納」本身是相當簡單的事情。不過因為人都有下意識對事物加以評判的傾向，所以對我們來說，隨意批評自己或他人的狀況，比我們自己想像得還要多。

所謂的接受，等於是海納百川的度量。不過，只要能夠認同自己，並且接受對方原本的狀態，相處的時候也採取這樣的思維與情緒，那麼不僅人際關係會在一瞬間變得輕鬆許多，就連自我形象（對自己的看法）也會產生變化。

有「反彈或抵抗」的想法是很正常的

一旦接受消極的情緒，會引發內心深處的**某種狀態**。那就是**「反彈或抵抗」的反應**。尤其是在面對長久以來一直都選擇逃避的那些負面消極情緒。

對於那些不曾被放到聚光燈下的情緒，好比說自我否定、被害妄想，以及想要攻擊他人的情緒等等，就算我們決定開始「好好地認同並接受」，但我們的心還是不可能馬上就照單全收，這是很正常的事。

基於這個理由，說不定還會覺得相當辛苦，就好像吃下去的食物沒有完全消化，還殘留在胃裡的感覺一樣……卡住的感覺，或是直接湧現「我不想接受」的心聲，事實上都會發生。

對於這樣的反應，不需要大驚小怪，用人生的必經過程來看待就好。

長時間不受重視的事物，即使想要說變就變，還是會產生一些心理反應，這是自然不過的事情。

然而，在這種時刻出現抵抗或反彈，會讓好不容易開始要接受一切的人們，在中途選擇放棄，又回到動盪不安的狀態。陷入消極的情緒或思維之中時，如果心中有所反彈，請連同反彈都一併接受，不需要特別努力些什麼。

「對於這件事我覺得有點反彈。好像的確如此，但也沒有關係，即使如此我還是會好好接受。」用這樣的方式去感受就好。在抵抗或反彈浮現的時候，試著想像感受已經開始慢慢合而為一，試試看吧。

半途而廢的消極狀態是最糟糕的

令人震驚的情緒像石頭撞擊大腦一般襲來，一瞬間覺醒，這種的例子多到教人訝異。就是因為衝擊太大了，掀起反彈，才能吸引我們的強烈「關注」。

前面曾提到，以深層心理學的角度來說，人們的心理受到劇烈衝擊時，會開始對人生抱持更深一層的疑問。

重點在於，**我們人類是「事情不嚴重就不會展開行動」**的動物。

對於身體也會這樣，儘管感覺有些不對勁，但只要還沒有嚴重到影響生活的程度，就不會到醫院求診，反正日子還是能繼續過下去，很多人都是如此。然而一旦出現讓人非常在意的症狀，就會立刻請假跑去醫院。

消極的情緒浮現時也是如此，讓人感覺無關緊要的消極狀態（雖然心裡有些不舒服，但整體來說還不到非常難受的地步），雖然不會讓現況產生任何變化，但總是會有一種不痛快的感覺揮之不去。如此一來很容易造成自己無法開創理想的現實生活（願望無法實現），而且日子就會維持在這樣的狀態之中。

人類的感覺一直以來都是如此啊。

抱著半途而廢的未爆彈，只是一種拖延罷了。

當消極的情緒愈積愈多，甚至到讓人感覺「好沉重喔！」的程度，這樣的情況所在多有。

在此我有一個提議。我希望每個人都可以在「唉！好難受！好沉重！我絕對不想看到這個！」等情緒湧現的時候，試著問自己「**這會不會是一口氣加速及改變的機會降臨……**」

這是為什麼呢？因為我們會立刻想要把情緒吞下去。感受到強烈的消極情緒時，我們會將所有的焦點全都聚集在那種痛苦的感覺上，只想著「怎麼辦！好痛苦、好難受啊！」因此關於「這種消極狀況或情緒，究竟想傳達什麼樣的訊息？」之類的想法就完全消失了。

所以，多點耐心加以練習是必要的。當消極的情緒湧現的時候，請記得「不要被情緒過度操弄」。

如果感到「好難受喔……」，好好地承認並接受，告訴自己「真的很難受對吧，可以放下了，沒關係的。」我希望每個人都可以練習讓自己抱持「這一切到底要傳達什麼給我呢？」這樣的想法。

讓消極半途而廢，自己就不會那麼痛苦，也能夠保持正常狀態，因此大多時候會導致無法跟思維的改變連接上。然而，感覺鬱悶的時候，心情會變得「沉重」，這麼一來反倒很容易可以加快速度。

所以，對於眼前所發生的任何事情，不要馬上評判「優劣好壞」，或是急著貼上正確、不正確的標籤，讓我們一起進行思考練習，把這樣的狀況當成「一口氣向上揚升的機會」吧！

第1章 — 重點整理

☆ 比起正面思考，消極狀態所帶來的訊息反而有更多好處。

☆「如果是我，會怎麼想呢？」能夠保持這樣的疑問，就不會隨著周遭他人的價值觀而起舞。

☆ 思考及意識當然很重要，但是，讓「身體」動起來也同樣重要。

☆ 不需要壓抑消極的情緒。讓它自然浮現也沒關係。

☆ 在情緒上認為「討厭！」＝OK；覺得「不行！」是出於自己的評判，因此＝NG。

第 2 章

讓負能量轉化為幸運的「反」吸引力法則

#「反」吸引力法則的理論

在本書中，我將「反」吸引力法則定義為「不把消極情緒及負面思考當成壞事一味逃避，反而要將其當作是身邊親密的好友，好好相處，並藉此充分活用吸引力法則」的實踐方式。

也就是用相反的角度來看待消極的意思。不好的情緒浮現的時候，不需要立刻就想加以扭轉，以「基於這樣的心態所建立的理論與實踐方式」做為開端，最終的目的就是要讓自己的心情變好。

不想被任何人看到的陰暗面或低落心情、忍不住想責怪自己的否定情緒、「反正不可能順利」之類的思考模式，其實都在「讓自己的現實狀態一鼓作氣揚升到更高次元」這個過程中，扮演重要的角色。

恐懼、不安、煩惱、對於他人的忌妒等等，這些過往所發生的事件，都會留存在記憶之中，而我們又會有負面思考的傾向，習慣透過這些記憶對外做出悲觀的設定。

了解這些情緒或思維「究竟有什麼存在意義？」是學習「反」吸引力法則的開端。

綜合前面所闡述過的論點，簡單來說以「讓厭惡的情緒釋放出來」、「糟透的心情就讓它存在吧。是的，這樣就可以了」就是以類似這樣的想法為出發點。

那些我們一直視而不見的事物，蓋上了無數的蓋子、假裝沒有這回事的所有情緒，都是啟發逆轉思維的途徑。

要把它當成是**「將消極狀態逐步牽引至表面的光（聚光燈）」**。

而且，我們還要把消極情緒或思維的傾向當成夥伴，甚至當成一種方法來加以實踐。即使是那種喜歡自誇「我超級悲觀」的人，只要這樣做，都可以啟動吸引力。

接下來就要開始依序說明「反」吸引力法則的理論了。

首先，就讓我們從容易讓人反感的消極情緒開始談起，我將從各式各樣的角度和作用來進行驗證。

忌妒、不安、恐懼、擔憂……全都只是訊號而已

心理學將人類的基本情緒分成「憤怒」、「悲傷」、「不安」、「喜樂」等四大類別，在這之中除了「喜樂」之外，其他的情緒都帶有消極負面的成分。

當然情緒的複雜程度可不只如此而已，所以可以更加深入地細分，然而不知道為什麼，我們總是會把開心、喜悅等正面的情緒，認定是好的，至於生氣、擔憂、痛苦等消極負面的情緒，則是打從一開始就歸類到不好的位置。

在我們心裡本來就會有陰陽兩面的情緒存在，而且兩者本身都具有非常非常深層的意涵，當然也都各具作用、各有任務，因為兩者都是獲得宇宙「認可」的。

宇宙不會給予我們不必要的事物，這也是基本原則之一。從這個角度來看，「哪一個是好的、哪一個要加以排除」之類的想法，本身就不存在於宇宙的意圖及法則之中。

所以說，跟陰陽兩方的情緒取得良好的溝通，並且和平共處，是非常重要的事情。

在此，我們要先理解「消極及積極都是必要的」。接著談到會被冠上負面消極字眼的情緒，也就是忌妒、糾葛、不安、恐懼、憤怒、擔憂……在我們想要改變人生的時候，跟積極正面的情緒比起來，這些消極情緒所扮演的角色更加重要。

消極負面的情緒每一個都是「訊號」。什麼樣的訊號呢？

在我們感受到消極的情緒時，一定能夠得知自己內心真正的想法。而這就是大大改變人生的訊號。

首先我們必須要做的，就是將自己腦袋裡為消極情緒貼上的標籤全都撕掉。

「不好的」、「麻煩」、「趕快消失吧」、「真多餘」、「讓人煩惱的東西」、「阻礙吸引力法則的東西」、「讓頻率下降的東西」……對於消極情緒想必貼了不少各式各樣的負面標籤，我們第一件必須要做的事，就是把這部分的思維全部剷除。

消極情緒是傳達通知的訊號，是交接換班的訊號。先讓我們將這樣的想法好好地記在腦海裡吧。

不想被任何人知道的陰暗情緒，也要好好疼愛

「這件事我對任何人都沒有辦法說出口……」像這種無法與人分享的情緒，相信每個人都曾經有過。

好比說針對他人的情緒：

- 這傢伙如果可以調走，從此消失在我眼前的話就太好了。
- 真不想看到那個人、真討厭。
- 那個人要是別那麼順利就好了。
- 真是忌妒那個人的成功。
- 雖然嘴裡說著恭喜恭喜，但是心裡卻沒有辦法像祝賀朋友的幸運一樣開心。

諸如此類……

至於對自己，也是有同樣的狀況：

- 反正我就這樣……
- 雖然身旁的人都做得到，但我就是不行。
- 我的能力只有到這種程度而已。
- 為什麼我就是不行呢？
- 跟那個人比起來我真的差遠了。

在面對自己的時候，或許也很常會像這樣帶著自我責難的情緒否定自己、處處比較。

不管是對他人或是對自己，這都算是陰暗的情緒。我想這並不是什麼會讓人心情很好的情緒，而且也不屬於想跟別人談論的性質。

但是，不管是什麼情緒，或者是不想跟別人說的陰暗想法，都一定得要好好疼愛、將其轉換成能量。若不如此，現實狀況也無法改變。

長久以來，我們都把這樣的情緒當作是壞人，總是保持著敵對關係。不但會假裝看不到，即使看到了也會視為壞人，所以根本沒有愛可言。

然而，那些我們不愛的事物，**會一直傳遞「訊號」，直到獲得我們的愛為止**。因為即使是陰暗的情緒，也希望能得到愛，希望自己的存在能被看見、被得知，更希望自己想要傳達的訊息能被理解。所以才會顯化在情緒反應上，並且強度會向上提升。

結論就是，**越是不想跟任何人說的消極情緒，越是必須要好好地正視**，而且要把它當作夥伴來對待。

最重要的關鍵，就是不能明知道它就在那裡，卻還「無視」它的存在。

「原來有這樣的情緒啊。」首要之務是認同情緒本體的存在。消極情緒的問題，在絕對認同之後幾乎就可以完全解決，這麼說一點都不為過。

「認同」就是一種愛。無視於它，或是當作不存在，是最背離愛的行為，但我們卻一直都用這樣的態度在面對。

請打從心底下定決心，讓自己即使是面對「心好痛啊！」等情緒時，也要採取正面端視的態度，而非一味厭惡。只要看著它，現實狀況就一定會以此為起點開始產生變化。

若有「執著」，就執著到底

在應對情緒的時候，不管是消極的或是積極的，「半途而廢的應對方式」可說是最糟糕的。

比如戀愛結婚這件事，是很多人的「執著」。雖然另一伴很好，但就是緣分還沒到，總覺得沒有辦法順利，在這種情況下，卻冒出「非他不可！」之類的執著。

但是，一旦產生執著，不只難以立刻改變想法，而且大多時候執著的力道還會逐步增強。

為什麼會這樣呢？**那是因為執著背後的情緒正是「喜歡」**。

用戀愛來舉例比較容易理解。

真希望我喜歡的人也喜歡我，但就是無法如願以償。

無論如何都希望對方也喜歡我啊！比起對方的狀況，我更希望一切照著我的想法來進行！

當這樣的情緒啟動，就完全可以稱得上是執著了。可說是一旦陷入其中，情緒就難以自拔的代表性範例。

事實上，有一個從執著中解放，或是快一點轉換的方法。

那就是「**執著到底**」。重點在於當自己陷入執著時，別讓視線移開執著中的自己，要緊盯著，告訴自己「我，正在執著。是的，我承認。」用這樣的方式接受這一切。

小孩子有些時期會沉迷於一個玩具，在玩的時候完全不讓那個玩具離開自己的身邊，然而等到玩膩了之後自然就會放下了，而且還會像是徹底忘記有過那麼一回事似的。

讓情緒堅持到底也有跟這樣的狀況相似的部分。

好好地認同並接受正陷入執著的自己。不要加以否定。並且持續承認自己就是呈現執著於某種事物的狀態中。就這樣一直堅持到最後。

如此一來，當某個時機點到來的時候，就會突然不可思議地放下了。而且當下還會有「為什麼我會堅持到這種程度呢？」之類的感覺。

全力感受消極的情緒，並堅持到最後，這樣就可以讓能量產生變化。這真的很不可思議，但每個人都會覺得「太麻煩了，走開走開」，所以全都無法好好活用。

對於難以應付的事情，就擱在一旁看著就好。這是所有類型的消極情緒共同的應對方式，請務必要牢記在心。

不要將問題歸咎在自己身上

你是怎麼看待自己的呢？這一點也是掌控情緒並開始吸引力法則的關鍵重點。

我想大部分的人在看自己的時候應該都會覺得「自己目前的狀態大有問題」。

也就是把自己當成是「麻煩的傢伙」。

在量子力學中，意識或思維會透過「正是如此」的想法而啟動程序。若你把自己視為一個問題，當下問題就會應運而生，這就是量子力學的機制。

在這樣的狀況下，請採取以下的作法：

- 無論眼前發生任何事情，都先任其進行，並且不要把問題歸咎在自己身上。
- 不要根據當下的狀況來做出決定，單純傾聽自己內心真實的聲音，並許下心願。

不管是把什麼當作是問題點，對自己或是對他人來說都不會產生好的影響。

「有問題啊！」這樣的思維或意識，將會催生出「真正的問題」，好好地接受這個事實吧。

不要將問題歸咎在外面的世界或他人身上

不要將問題歸咎在自己身上的同時，為了提升宇宙全體，所以我們也不能胡亂地將問題歸咎在其他人身上，這一點非常重要。

就我們自己的眼光來看，我想在我們生活周遭一定會有「看起來好像正陷入煩惱的人」，或是「讓人覺得很可憐的人」。然而，當我們有這樣的想法時，重點是不要歸咎問題。

「有問題啊！」帶著這樣的意識，看到任何人都會覺得有問題，而且還會想要給予幫助。此時最好的方式是給予適當的支援，而不是「就當作沒看到吧」。

最重要的關鍵在於，你帶著什麼樣的意識去做這件事。

比如在職場上，有些工作是會在特定的狀況下給予其他人協助。像我的工作就是如此，我會提供他人諮詢或是指導。

前來尋求諮詢的人，就是因為對於現狀有所煩惱，或是陷入死胡同走不出來，所以才會找上我，但是傾聽問題及提供回應的我，最小心翼翼的部分，就是不要將問題歸咎在委託人身上。

如果我帶著「這個人正坐困愁城」、「這是個沒有辦法解決煩惱的人」、「好可憐的人」這樣的想法在工作，那麼對方就真的會變成是「我所想的那種人」。

就是因為這樣，所以才要暫且拋著無視對方狀況的心情，在我所能做到的範圍內，「幫助這個想要解決問題的人」，用這樣的想法來進行處理。

醫生在診視病人時，是帶著這個人＝「病人」的想法，還是帶著「即將恢復健康的人」的想法，兩者背後所運作的能量絕對是不一樣的。

我的女兒想要成為獸醫，正以此為目標努力研讀，我告訴她不要帶著「想要幫助可憐的動物」、「想要幫助弱小的動物」之類的想法，而要當一個抱持著「支持可以突破、可以穿越的孩子」這種意識的醫生。

站在「沒有誰比較弱」、「沒有誰比較具有力量」的角度，使用「不把問題歸咎在他人身上」的思維模式，這就是成為正面思考大師的第一步。

放下常識

那麼，雖然有點突然，但我想問問對於我們常會聽到的「常識」一詞，你認為到底存在於什麼地方呢？並且，到底要具備什麼條件才會被定義為「常識」呢？

你曾有過這樣的疑問嗎？

以人類社會來說，每個人都勢必會直接或間接地與他人建立關係，因此在這個共存共生的共同體之中，規則及相互體諒是必要的。

照自己的想法過生活，指的並非是盡情地隨心所欲。

正因為有秩序的存在，所以符合宇宙期望的計畫，是彼此在生活中都保持良好的心情，並且一起變得更好。

但是，就選擇自己的思維或意志來說，那些像是「社會上有這樣的說法，所以……」或是「很多人都這麼做啊，所以……」之類被我們稱之為常識的東西，也就是大家都會說「這很正常啊」，但卻一點根據都沒有的言論，我們完全沒有必要讓自己的價值觀去配合。

有句話是這麼說的：「打不過它就加入它。」意思就是雖然不是出於自己的本意，但總之採取配合的方式就能感到安心。

「大多數的人都是這樣啊！」一邊這麼說一邊選邊站，自己就不會顯得太突兀，也不用擔心會被共同體給踢出去。

如果一直使用這種**半途而廢的意志**，在「沒有自我」的狀態下過日子，當你想要探求自己真正的感覺時，別人的價值觀就會成為一種阻礙，導致你無法看清。

說到「放下常識」，應該有很多人認為這麼做「會被當成怪人」，那是因為常識給人的印象就是「很正常、很認真，讓人感到安心的狀態」。

扭曲自己去跟隨大多數的人，就能感到安心，然而一旦被問到：「這樣真的快樂嗎？」有很多人會回答「不。」

想要擁有更貼近自己本心的快樂人生、創造力豐富的人生，首要之務就是得把常識以及自己深信不疑的既有價值觀放下。也就是要建立自己的思維模式及價值觀。並且要認定這樣的自己，告訴自己「這樣很好」。（如果還得要別人來認定就有點奇怪了。）

一旦能夠接受自己的價值觀，並且坦率地過生活，那麼應該也就會產生「別人的價值觀也很棒耶」之類的改變。

因為唯有真正認同自己、接受自己的人，才有辦法真心接受他人。

唯有採納意志與意圖

由於我們的大腦實在太盡責了，所以非常善於進行各式各樣的分析、計算，以及未雨綢繆。**但是，如果你想要超越外在意識所能計算的框架，創造超越期待的人生，那麼請務必優先採納自己的意志及意圖。**

關於這件事，我大概只能做到這樣，「依我的能力恐怕沒有辦法做得更好」，這類「限制性」想法，請全部放下。

思考全部都是源自於分析及計算。所以幾乎可以說是「全部都不要想也沒關係」（話雖如此，但有些時候自動模式會讓我們做出直覺反應，所以請在發現的時候修正思考，以「究竟自己想怎麼做」的意圖來重新做出決定）。

只要持續採納單純的「意志、意圖」就足夠。持續選擇「因為做得很開心所以想做的事！」「想要變成這樣的人！」並請維持熱情在基於這種意圖所發起的行動上。

一旦開始將「優先採納意志或意圖的方式」運用在生活之中，對於行動的熱情就會油然而生。

只要我們抱持著意圖，堅持「一定要達成」的想法，人自然就會想要動起來。

發生任何事都不要覺得是壞事

就吸引力法則啟動的流向來說，一定會有一個啟動的「程序」，這在三次元就等同於是一種規則。因此，明明已經下定決心，卻還是覺得可能會不順利，這種時候內心的想法，就是最關鍵的重點所在。

我們賦予啟動的程序什麼樣的「意義」，攸關後續吸引力法則的流向，會是往我們所期待的方向發展，抑或是往另外一個方向前進，結果可能將會呈現兩極化。

比方說明明應該早就決定了，但卻始終沒能遇見心目中理想的伴侶，結果最後喜歡上跟理想型完全不同類型的人。

「的確是相遇了，但卻覺得不是這個人啊……」像這樣，內心覺得曖昧不明的時候，就會做出「果然我沒法使用吸引力法則，不好的事情還是發生了」之類的判斷（在具有此種意識的情況下）。

這等於是變更設定，讓狀況轉變成「發生了不好的事」、「無法做到吸引力法則的我」。

設下心願、展開行動之後，一定會啟動某種程序。在願望實現之前，會出現我們必須要清理的課題，這是抵達終點前，在路途中一定得面對的課題，讓這樣的課題畫下句點的程序，就是來自宇宙的禮物。好比說，將心理障礙＝潛意識之中所帶起的負面思考運作模式徹底放下，就是其中之一。

事實上這是愛的機制，由偉大的宇宙所擘劃創立（放下心理障礙之後，就不會再回到從前的狀態，而且也能和吸引力法則連接），但由於身在物理次元的我們，眼睛只能看到眼前的現象，所以才會習慣於做出「好像發生了什麼不好的事」這樣的判斷。

所以說，在感覺到「好像跟自己想的有些不一樣」的時候，就要問問宇宙「是不是想要透過這個事件來傳達什麼訊息？」或是用同樣的問題問問自己。

「能從這之中學到什麼呢？」光是提出這樣的問題，就可以完成清理的動作，而且一開始所決定的目標也將獲得改變。

否定會讓恩賜歸零

應該很少人能夠做到對於任何事情都不加以否定吧？老是一直在否定，「這個不行、那個不行，這個人那個人都不行」，這種否定的態度會讓人無法覺醒，而且也得不到宇宙恩賜的學習機會。因為當我們心想「這個不行！」加以否定時，大腦就沒辦法接收到關於這件事的任何訊息。

事實上越是想要否定自己、否定他人，深藏在內心深處的信念反而越會被看見。令人大感意外的是，當你覺得某些人「好討厭喔……」那就表示自己身上也帶有那個讓你感到討厭的要素（所以才會產生反應）。

我的意思並不是說「就讓我們去喜歡那些想要否定的事情、想要否定的人吧」。好不容易察覺到討厭的人或討厭的事是要來傳達某些事物，然而一旦認為「這個不行！」並且就此畫下句點。結果自己的現實狀況依舊會維持不變，自己本身不會有所覺醒，也不會產生任何變化。

我們的內在會在遇到曖昧不清的事情、被某些東西吸引，以及變得負面，或是遇到討厭的事情，開始逐步進化。

不管面對什麼樣的事情或什麼樣的人，請都先試著接受，並問問自己「這應該是要傳達什麼訊息給我吧？」

讓我們想要採取否定態度的事物，並不是為了加速解決事件，而是為了「讓我們深入了解自己」。

第 2 章 — 重點整理

☆ 出現「執著」的情緒，只要一直執著到底，最後放下的時機就會到來。

☆ 不要將問題歸咎在自己身上，也不要歸咎在他人身上。

☆ 想要得到更貼近自己內心且更快樂的人生，首要之務是將常識及既有的價值觀放下。

☆ 任何一件事的發生，都是願望獲得實現的過程，所以絕不要將其視為壞事。

☆ 對於想要否定的事物，不要立刻就想要消除，先試著問問自己的內心：「這會不會是一個訊息？」

第 3 章

將消極轉化為積極結果的行動與習慣

用「超越的意識」來生活

到目前為止，我分享了消極情緒及負面思考的任務和性質，還有「反」吸引力法則的理論。

在這一章，我將介紹自己透過到目前為止的人生所得到的「反」吸引力法則實際案例及施行方法。

要創造全然不同的現實實境，但卻維持同樣的思考模式及意識，那是不可能激發任何改變的。

而且在此要提出一個非常關鍵的重點，**那就是「大腦計算」能做到的範圍＝顯意識的思考所能處理的範圍**。

吸引力法則在運作的時候，出現「流向突然改變」、「劇烈的變動驟然而生」，或是「全然不曾碰觸的領域」等狀況，肯定會超出「大腦能夠預測及計算的範圍下所展現出來的思考及意識」。

大腦的習慣是使用過往的經驗製作成屬於自己的資料庫，並以此為基礎去「計算」未來，好比說做了A就會變成B，或是以前是A，所以現在說不定會是B之類的。

然而，這樣的方式不可能為世界帶來突飛猛進的變化，頂多就是跟預想的狀況相符合，或是產生預測範圍內的現實實境。

那麼，究竟要從哪裡著手，才能讓世界一口氣大為轉變呢？

說起來還是只有「意識」啊。**不是思考模式，而是意識。思考指的是每個當下所產生的思維，但意識所代表的卻是一直維持的一種思維模式。**

信念裡頭也含有意識。比如每天不斷想著「我的運氣好差」，一直用這樣的意識在生活，真的會創造出「運氣好差」的實境，這就是吸引力法則。

因此，若想要最大限度活用**吸引力法則，「控制意識」是最大的重點所在。**

自己從過去的體驗之中累積而來的信念資料庫，會對將要發生的事情給予程度上的「限制」。大腦會自動彙整成自己覺得很有道理的想法，像是「大概差不多是這樣」、

「應該會變成這樣」等等。

想要得到大腦計算不到的飛躍性成長，那就請好地下定決心在生活中體現「超越的意識」。

認真做決定，自己的頻率（波動）就會轉化。不只是意識的頻率，就連身體的頻率也會一起改變。如果頻率沒有先改變，那麼接下來所發生的事情也不會有任何變化。

用話語將指令說出來也可以。對自己宣告「我要用超越大腦計算的超意識來生活」，這麼做，能確實讓頻率產生變化。

如果可以請每天對自己說一次，讓這樣的意識固定。沒錯，就是要創造「我生活在沒有辦法輕易計算的現實之中」這樣的狀態。

雖然可能有人會說：「只要下定決心就可以了？」的確如此，只要下定決心，頻率就會改變。因為吸引力法則（能量）的原理，是現在的頻率（波動）會創造接下來的現實狀態，所以如果現在的頻率沒有改變，那麼期望中的世界絕對不會降臨。

意識、實踐（行動）、養成習慣，這三個步驟是最基本的，然而若是最一開始的意識沒有改變，下面的步驟也就連不上了，這一點真的非常重要。

「只要下定決心就可以了？」這個問題是源自於一種信念。當你感到遲疑，沒有辦法下定決心，現實狀態也就不會有任何變化，機制就是如此，所以一定要下定決心。持續對自己做出宣示，無論如何都先創造出一個「理所當然要維持這種狀態」的自己。就讓我們在生活中好好體現「超越的意識」吧。

描述「六道輪迴」的繪本，使我開始探索人生答案

我的原生家庭，從我小的時候開始就一直處於為金錢煩惱的狀況。我們是一般的上班族家庭，父親將工作上的壓力全部都發洩在賭博。不是小賭怡情的程度，而是不惜借錢也要繼續賭下去的狀態，因此父母親之間的爭吵對我來說是司空見慣的事情。

然而，情況一直都沒有好轉，我就是一直看著這樣的畫面長大。

可能是因為這樣吧，所以等到我長大一些之後，我就成為一個懷抱著「不管發生什麼事，讓自己有謀生能力是第一志願」這種想法的小學生。人生一點都不好玩、煩惱永遠無止無盡，不僅相當貧苦，讓人困擾的事情又多如牛毛，就在忍耐強撐的過程中，學

到了許多經驗。說起來，人類的世界就是一個修練場吧。

我在小學二年級的時候，就已經抱持著這樣的信念。

從小我就很喜歡讀書。因此即使是在小學，我也會趁午休時間到圖書館去。小學二年級左右，我已經自己一個人開始探詢「人生的意義到底是什麼？」在學校圖書館專挑撰寫人生意義的相關書籍，好比說「來自神明或是看不見的世界所給予的啟示」，或是「死了之後會怎麼樣？」之類的。（是個很罕見的小學生……）

當時我所翻閱過的書裡頭，最讓我感到衝擊的一本書，就是描述「六道輪迴」的繪本。時隔四十年，書名我已經忘記了，但內容我仍記憶猶新。

繪本裡所描述的是，每個人在生前如果沒有積德，投胎時就沒有辦法再次轉世為人。現在想想，感覺就好像是在恐嚇人們「假如活著的時候沒有好的品德，那麼會有什麼下場你應該知道吧？」

因為那時候我的心裡一直很苦，每天都很難受，所以我讓自己重新回到平靜生活的方法，就是帶著「從現在開始到長大成人為止，真的會有可以變得幸福的方法嗎？」這樣的心情在讀那本書，當一個禮拜的借書時間到期，確認沒有下一位借閱的人，我會再次延長借書時間。

因此，小學二年級的我，總是會在教室的書桌裡放著這本描述六道輪迴的繪本。真是不可思議的小學生啊（苦笑）。

即使如此，我對於自己的現實狀況還是有疑問。為什麼會有幸福的家庭，以及像我家這樣並不幸福的家庭之分呢？為什麼會有運氣很好的人以及不好的人呢？神明難道會給予差別待遇嗎？

說起來，「我為什麼會出生在這樣的家庭之中？」「我在前世到底做了什麼壞事？」解決這些疑問，是我從小開始的課題。

從那之後過了幾十年，也不知道從什麼時候開始的，我變成像現在這樣，用「自己的意識」，還有行動及習慣等等，讓我的世界為之一變，而且任何時候都能讓改變之後的實境顯化，然而這段路程走來真是意外地漫長。

不過也是拜此經驗所賜，很多藉由種種過程才能得到的收穫，都讓我收為己用。現在的我，找到了自己所期待的天職，將自我實現的方法傳授給許多人，所以說起來真的沒有任何一段經驗是無用浪費的。

小學二年級就因為父親的負債而思考著「人生的意義到底是什麼……」這就是我。同時也是我尋求人生意義的起點，更是追尋吸引力法則及能量法則的開端。

六道輪迴這本繪本裡提到「沒有多行善事，就會墮入畜生道」，以及「前世做了太多惡事，所以今生才會過得如此辛苦」等，諸如此類的內容。

事實上這也造就了**我人生最一開始的信念，即「消極的信念及思考模式」**。不過現在我已經了解，人類並不是最偉大、最厲害的。

當昆蟲或動物就真的那麼糟糕嗎？雖然我一直思考差別何在，但因為當時的我認為生而為人是等級最高的好事，動物跟昆蟲都是沒有辦法轉世為人，所以地位相對較低下，我的信念就是如此。

於是我就開始想著，「照這樣下去我會不會轉世變成昆蟲啊」，或是「因為上輩子造了孽，所以雖然現在有飯吃，但未來會不會有讓我大感困擾的苦難出現呢？」**等於是**

在自己的意識之中創造出「壓根就不存在的過去」。

然而，我認為這本書並非為了這樣的目的才出版的，主題應該是「跟任何生物都要友愛幫助，用愛一起生活吧」。可惜當時因為現實生活實在太苦了，所以對我的大腦來說，只會一味地用消極負面的方式接收訊息。

即使像我這樣，對金錢懷抱著強烈煩惱及心理障礙，還是可以藉著一本繪本的力量完成這麼多事。而且在很長的一段時間裡，我都是在羨慕朋友的心情下成長的。因為我總是對外釋放羨慕意識的能量，所以羨慕他人的現實狀況才會不斷持續著。即使上了國中、上了高中，我都仍覺得自己不行，而朋友們都好厲害；我們家不行，而朋友們的家好棒。像這樣的思考模式經過長時間的養成，就會變成威力強大的資料庫蓄積在自己的內心，因此在生活中使用這些資料庫的狀況也會持續下去。

被自己所吸引來的事物毀滅

因為我的人生泰半都是辛苦的回憶，所以我發掘到自己對於某些事情懷抱著強烈的期待，像是執著於從事安定的工作，藉以擺脫金錢方面的困擾；因為家庭並不和睦，所以早早就離開家裡，想要走入幸福的婚姻，過著自由自在的生活等等。根本就是完全被執著打敗。

在高中及大學時代，我並不知道「下定決心」的效果，對於能量、吸引力法則，還有消極的情緒及思考模式所帶來的影響等等，我也都一概不知。

然而，由於我對於幸福的生活真的太過期待，所以我察覺到自己有著「無論如何我就是想要變成那樣！」的強烈執著。讓我「下定決心」的願望，是以執著為開端的。

因為這是以恐懼為基礎，所以並非幸福的吸引力法則真正的啟動模式，但不可思議的是竟然成真了。意志的力量真的是非常強大。似乎是我在無意識之間，得知如何使用「下定決心」的那股能量。

雖然是無意識的狀態，但因為我持續抱著決心，所以後來不僅在一個感覺可以待一輩子的安穩環境中工作，而且二十五歲就結婚！就連沒有任何根據的年齡設定也實現了。

不過，因為是以恐懼為基礎，也就是以執著、消極負面的情緒為基礎，所以我是在「犧牲自我就能夠一輩子永保安康」的心態下得到工作的。而且在工作的同時，我也必須要將主婦的職責做到盡善盡美。除此之外，我還是一個妻子，所以不得不將所有時間都用來工作、做家事、養育小孩……這依舊是「傾向於苦行、修行的思考模式」所創造出來的人生。

好不容易被自己吸引而來的事物，卻朝著讓自己萬般痛苦且逐步崩壞的方向前進。

產後罹患自律神經失調

接著，讓我的情緒陷入極端狀態的一件事，就是女兒的出生。信念造就了人生，而我就是對此感到疼痛不已。

我很想要小孩。因為那能讓公公婆婆開心，也能讓我的爸爸媽媽開心。「一旦結婚就要馬上生小孩……」我在每一天的生活中都抱著這樣的思考和意識。

所以這不能說是完全出自於我的本意。

自己想要怎麼做、想要創造什麼樣的人生、想要得到什麼樣的家庭和夫妻關係等等，關於這些問題我沒有任何想法，完全是依照預測「周遭的人會有怎麼樣的要求」，去決定今後要做些什麼。

並且，「不辛苦一點可不行」的信念，也決定了我日後將會碰到的事。

雖然懷孕了，但該工作的時候即使身體不舒服我還是會去。即使孕吐非常嚴重，我還是會忍耐、繼續工作。周遭的人明明都察覺到我的狀況，我還是會說「不要緊」，繼續勉強自己。在家也是像平常一樣做著家事。這些我覺得不得不為之的信念，導致我提早兩個月生下孩子，而且是緊急用剖腹生產的方式。

在開始休產假之前，我突然昏倒，然後便在救護車載送的過程中生下孩子。女兒出生的時候不僅沒有啼哭，甚至還在新生兒加護病房中住了一個半月，之後她就這麼小小地慢慢長大，讓我充滿不安。

至於我的狀況，我很自責，覺得一切都是我造成的，但就算是這樣還是必須要堅強起來，如此強烈的信念，漸漸地讓我的精神狀況開始出現問題。

雖然說女兒剛生出來時個頭很小，但還是平安無事地扶養長大了，不過由於我的大腦已經變得怪怪的，所以完全陷入了「看不見她其實正常成長」的感覺之中。

在休產假的期間，我每天都回到娘家哭訴，對媽媽說：「這個孩子好奇怪，媽，你不覺得有哪裡怪怪的嗎？」

就算媽媽告訴我：「沒有什麼奇怪的地方喔，是個很可愛的孩子不是嗎？」但我還是一直哭，可以說我的意識已經不知道跑到什麼不一樣的世界去了。

現在回想起來，從那時候開始我就認定了「自己的婚姻生活也非常痛苦」，因此把心封閉。

在這個過程中，我還出現了一刷牙就開始嘔吐的現象。

正確來說，「嘔吐」狀態在沒有任何因果關係的前提下，被刷牙這個行為觸發，導致於辛苦的記憶或過去一直緊抱著不放的那些信念，全都再次閃現，於是我就這樣反反覆覆地一邊嘔吐一邊哭泣，到最後甚至還因為太害怕刷牙，所以乾脆不刷。

結果從小學以來從沒沒有一顆蛀牙的我，嘴裡出現了滿滿的蛀牙，而且因為很討厭自己沒有辦法刷牙這件事，所以連對於食物的興趣也蕩然無存，變得完全不知道東西好不好吃，連味覺也都改變了。

人類的思考及意識，竟會把自己逼到這種地步。不知道該拿自己怎麼辦，先生所說的話也壓根都聽不進去，就這樣將自己完全封閉在殼裡的我，終於到醫院求診。然後，我就被宣判罹患「自律神經失調症」。

當時我所服用的安定劑或幫助入眠的藥物，都只是對症療法而已，結果醫院我也沒有辦法再去，而且還會呆呆地看著女兒的臉哭泣，生活就在這樣的情況下不斷反覆，直到有人告訴我「回到工作崗位心情會變好」，我才好不容易重新喚回了意識。

自律神經失調讓我學到的事情

雖然我覺得自己很奇怪，但仍舊認為只要命還在，就要好好活著。我沒有足夠的自信能把女兒帶好，不過在她面前我還是會打起精神。在這個過程中，有一個微弱的感覺浮現了，它說著「好想要再探尋一次美好人生的道路」。

回到工作崗位之後，女兒交由我媽媽或公婆帶，因此我可以擁有跟孩子分開的時間，也因為這段時間孩子不會出現在我的視線範圍內，所以我發現不安的感覺變淡許多，而且我也真的可以只專注在眼前的工作上。

這就是所謂的「當下」吧。這些事情是發生在我得知「當下」的概念之前，所以現在回想起來就覺得那就是活在當下沒錯。

後來經過了一段很長的時間，我因為自己的信念創造了沉重且辛苦的婚姻生活，一度曾把自己逼到崩壞。

現在，孩子的爸對我來說是非常重要的人，我可以發自內心地跟他說：「孩子的爸，真的很感謝能遇到你。」

從自律神經失調症發作的那段時間開始，我的意識及思考長年都呈現奇怪的狀態，對自己沒有任何一點肯定，多年來都持續用否定的消極思考來說話或行動。

因為學習了吸引力法則，我才明白，因為那段時間我總是認為：「女兒的成長遲緩、感覺怪怪的，全都是因為我勉強自己導致早產的關係……」因我自己這麼想，所以**經常直接聽到別人說出我心裡所想的話，也常被說「你很擔心吧」，例如我去健診中心的時候，保健師就曾跟我說：「咦，這個孩子怪怪的耶。」**

那時候我還不知道思考及意識會創造現實的機制，所以我就得出了「果然是這樣！這個孩子果然怪怪的，都是我不好」這樣消極負面的結論，而且這次還是由別人口中所說。我自己的消極信念彷彿透過代言人，照本宣科地傳達出來。

現在我已經明白，當這樣的狀況重複發生的時候，我就會藉由「反」吸引力法則的理論來改變現實狀態。那麼就讓我們一起回頭看看，那時候的我到底該怎麼做：

①理解自己所抱持著的消極觀念是什麼。

②不用趕走那個消極的觀念，或是蓋上蓋子假裝看不到。「相反地」，要聚焦在那個觀念上，就像是刻意把光（聚光燈）打上去一樣，告訴自己「雖然很痛苦，但是已經可以放下了」，像這樣去接受。

③直到覺得足夠為止，如果能夠承認痛苦的情緒，並加以接受，重新決定「已經不會再發生」，明確地做出嶄新未來的打算。

從這一刻開始，順從浮上心頭的感覺採取行動，同樣的現象就不會再發生了。即使又再反覆發生一、兩次，自己也將可以做到不為所動。

但是因為在那個當下我並不知道這些方法，結果就一直在意識中灌注消極的信念，導致即使人改變，卻還是帶來同樣的現實狀況。

當時的我懵懵懂懂，所以意識會朝著「果然有問題！都是我不好！」這種負面信念的方向加以強化，結果就讓消極變得更加深沉。

現在，當時為我種下煩惱種子的女兒已經長大成人。她原本出生時沒有啼哭，之後更有超過半年幾乎沒有任何聲音，只會發出嘶啞的哭聲，但如今經過重考，已經在大學念書，目標就是要從事救助動物性命的專門工作。

自律神經失調症讓我學到的事情，就是**人類的信念（思考及意識）可以扭曲認知及覺知。**一點都沒有怪異之處的事物，到了自己眼中卻覺得怪怪的；更有甚者，還會發生看得見的東西變得看不見，或是看不見的東西卻反而看到也聽到之類的狀況。

從吸引力法則的角度來看，自己保持著強烈的信念，認為「一定是這樣！」那麼就會有人來照本宣科地讓你看見。換句話說，若是自己持續保持強烈否定，就會有第三者現身，確切地告訴你：「你真的不行。」或是當你想著「這孩子好奇怪」的時候，就會有人說：「真的很奇怪啊。」

所以，如果我們沒有好好地堅持自己的意志、了解自己的本心，並藉此有意識地選擇行動，那麼人生就會擅自變得既痛苦又煩惱。

那些說著討厭話語的第三者，是我們自己吸引而來的。那些人只是為了讓我們「看見」而已。**只是來讓我們看見「在你心中殘留著如此強烈的信念、觀念，還有過往的陳舊資料及記憶」。**

並且，他們要問的是，「那麼，你接下來想要拿這些信念怎麼辦呢？」

承受消極所帶來傷害的，不是心靈，而是身體

在我長年追求圓滿人生的過程中，**最讓我感到能夠即時讓現實產生變化的方法，就是「放下否定」**。

首先是對自己的否定。這是大多數的人最常做的事，然而對符合我們期待的吸引力造成阻礙的，就是否定的能量。

朝向自己的方向湧來的能量，會直接強力地送到自己身上，所以那並不會帶來任何傷害，也不是零星片段的能量。但讓人感到意外的是，我們對此往往都相當遲鈍。

長久以來我都覺得自己不行，並且用這樣的想法創造了全部的人生，然而我踏上改變的第一步，就是即使自己有消極狀態，也會選擇接受，不加以否定。

不要認為自己不行，單純只是改變自我否定的想法，身體的頻率就會產生變化（向

上揚升）。我們往往會傾向於將焦點放在大腦的思考及意識，但這是錯的。

讓自己持續陷入否定的言語之中，首先會受到傷害的是我們的身體。但因為身體具有「忍耐到極限」的特質，所以當傷害呈現出來的時候，往往都已經太晚。

意識及思考其實非常有彈性，可以飛到不同次元的世界，當然也可以蓋上蓋子緊緊封閉。意識是可以逃脫的，但身體卻因為長時間都待在現實的世界，也就是第三次元，從早到晚，為了讓我們可以維持生命，所以一時半刻都不曾休息，一直在工作著。**逃無可逃、避無可避的，就是我們的身體。**而對身體造成傷害的，就是自我否定的意識及思考。

一刷牙就會嘔吐的狀況，其實是身體在對我傾訴。它在告訴我：「不要再這樣了，接受這一切吧。」但當時我完全不知道。

藉由施行吸引力法則，不管我自己離心中期待的夢想有多遠、不管現實狀況有多不足，我也不會否定自己，依舊持續實踐。

我這麼做並非是在寵溺自己，因此慎重起見，在此我還是稍微補充一下，**所謂的不**

否定自己，是指不管發生什麼樣的狀況，每天我都會感謝如此努力的身體及心靈，並致上敬意。

當消極的情緒浮現，我不會去否定那個想法，而是會用「只是這麼想而已」的方式接受它，而且會將意圖轉變成：「我不會把它當成是壞事，甚至進一步用期待的心情，等著看看世界會產生什麼樣的改變」，就用這樣的方式付諸實踐。

否定的能量只會產生否定的現實。如果你總是說自己不行，那麼身體狀況就會變弱，請多加留意。精神不佳、容易疲倦，缺乏活力……意識的能量會像這樣對身體造成傷害。彷彿給予一個無法逃開的人加諸苦痛，有什麼比這更殘酷？

我們該做的事情只有一件——告訴自己的身體：「**每天都發生好多事，我的身體，謝謝你。**」好好地說出感謝。如此一來，能讓能量開始循環。

「卡關」是源自於否定的能量。如果不想否定自己，請告訴自己：「原來我自己是這麼想的啊」，然後予以接受即可。請務必試著將這個實踐的方式當成日常的習慣。光是如此就啟動強大吸引力的可是大有人在喔。

確實接受消極狀態並持續關注（讀者的案例）

自從我開始寫部落格，有一位N小姐一直是我的讀者。她來參加過好幾次我的說明會。她似乎從很久之前就開始對自己有許許多多的否定。

她是一個家庭主婦，但對於自己不曾在外工作過這件事，她一直相當不認同。她覺得自己是被先生「養著」。這樣的想法在剛結婚之時就一直刻在她的腦海，凡事都以先生的想法為優先，讓自己屈居幕後，即使有話想說，也全吞進肚子裡……

因為沒有辦法放下「是別人叫我這麼做的……」這樣的意識，所以她似乎有一個很強的信念：「沒有在外面工作賺取薪水是不好的事情」。

但因為她抱持著這樣的信念，所以將這一點呈現給她看的人就不斷地登場，有朋友跟她說：「真好啊，當一個自由自在的家庭主婦。」話裡帶有諷刺的意味（這是因為她認定這句話是在說自己沒有能力在外面工作）。

跟丈夫意見相左的時候，她也沒有辦法多說什麼，丈夫對她顯示出一副旁若無人的態度（夫妻之間無法發自內心地進行對談）。她覺得自己很卑微，所以每天經常都會反覆在腦袋裡跟自己說「這個不行、那個不行」。

她的狀況就像這樣。家庭主婦的工作都是些例行公事，可有可無的感覺讓她想著「算了，就這樣吧」，像是死心一樣，心靈漸漸地失去生氣。

直到N小姐得知「反」吸引力法則的理論，她終於了解消極情緒及負面思考並不是壞事，知道自己下一次可以創造更好的現實狀態，她開始實踐不自我否定，並且持之以恆，結果她的生活周遭起了很大的變化。

首先是跟丈夫之間的關係。雖然原本N小姐總是忙於照顧孩子，跟丈夫也沒怎麼聊天，幾乎呈現放棄狀態，但她並不因此否定自己，不會說自己不行，經過徹底施行之後，丈夫開始會對她說公司裡的大小事了。

不管是很少聽到的職場煩惱，或是生活中芝麻蒜皮的日常小事，雖然這些事都已經幾乎消失了，但先生還是會用「我跟你說喔」來開頭，夫妻間的對話開始慢慢變多。

此外，當N小姐發現先生的消極想法，她不會加以否定，只是單純地接受，簡單回應著「原來是這樣啊」。

在這個過程中，N小姐也開始慢慢闡述自己的想法，夫妻之間輕鬆愜意的聊天機會增加了。

對於日常該做的家事，以前她會覺得自己沒有在外面工作，是被丈夫養，每當這麼想，她的心裡就不是很開心，然而自從知道丈夫在公司經歷很多辛苦的事情，她就希望丈夫回家時看到她的迎接會開心許多，所以把心力集中在料理上。

她臉上洋溢著笑容想著「原來這就是我該做的事啊」，腦海裡則不斷湧現明天的料理菜單，也開始會想著「有時間的話偶爾去旅行也很好」，這些時間都回到她身邊的時機點，似乎正好就是她變成「不會再那麼否定自己」的時候。

然後，實踐吸引力法則之後，終極豐盛的證明出現了。多年來一直沒有升遷晉級的丈夫，不僅升官，而且薪水還大幅躍進。

「只是不再對自己說不行，並且重新認識自己的角色，現實生活竟然會變得如此幸福……」這就是N小姐的感想。

因為接受了不想做的工作，看到自己的本心

我因為小學二年級就認識了「六道輪迴」這個說法，並且決定認同，所以在二十二歲從大學畢業之後，就一心想著要找到安穩的理想工作。

雖然說那時候算是過得還可以，但因為「意識」並沒有做過任何變革，所以一直將消極的信念緊緊握在手中。

關於工作：

- 在公司工作非常勤奮，會留到很晚
- 不願意免費加班的人是不行的
- 假日出勤是情非得已
- 如果工作量沒有比所有人都還要多，沒有辦法得到認同

- 自己的能力本來就沒有比別人高，所以必須要比其他人多努力好幾倍（自我否定的大集合）

懷孕的時候也是如此：

- 不可以說自己懷孕了就想要撒嬌，應該要好好努力
- 如果不勉強自己去做，恐怕……

我是如此緊緊地握住這些觀念在工作，所以自己漸漸被壓力壓垮。

特別是我所學到的一個觀念：**「在工作上如果被交代了任何事情，都要虛心接受，不可以拒絕，即使不想做，還是要率先爭取」**。

儘管光是看文字就讓人感覺很沉重，但我還是認真地緊握著長達幾十年之久。

直到幾年前我離開職場，自己創業，依舊認為「如果不做自己不想做的工作，就沒辦法得到認同」，因此不喜歡的工作還是不停找上門來。

那時候一定有人會跟我說：

「能把事情交給你，我就得救了。」
「因為你一定會去做，不會拒絕。」
「總是受到你的幫助。」
「能夠接下這份工作的人只有你而已了。」

而且我甚至還會有點開心，因為那樣的話語能讓我有成就感（誤解了）。
事實上我內心真正的想法明明清楚就是「不想做」。
而當下有三件讓我感到恐懼的事情：
「我不想被任何人討厭，希望能在職場上創造圓融和樂的人際關係。」
「如果快要發生爭執，那麼我可以出來承擔（自我犧牲）。」
「如果不這麼做，沒有任何人會認同我的價值（自我否定）。」

不過因為那時候我剛好正在學習自我教練（self coaching），對於自己內心真正的想法與嘴巴說出來的話，兩者之間的落差沒能獲得良好的協調，讓我漸漸無法忍受，所以我開始會坦率地說出「我不喜歡」、「這真的太強人所難了」。

這麼做真的需要勇氣。因為真的很可怕，很在意自己會被如何評價，但即使如此我還是練習把話說出口。

接受討厭的事情，自己的本心就會慢慢地冒出頭來。這是絕對的。自己真正想做的是什麼，真正想要的是什麼，答案會越來越清晰。

剩下的問題就是**「什麼時候要鼓足勇氣傳達」。那並不是氣勢洶洶地要找人吵架，而是當你想「坦率地把話說出來」的時候，勇氣就會在必要的時候浮現**。那個當下就是轉變的契機。

另外，我還有一個盲點，我常以為「我所負責的工作沒有人會想做」，後來我才了解，這也是因為我懷抱這樣的信念，而在工作上照單全收，直到我坦率說出「不行」，開始有人告訴我「這個我可以做」，或是「我知道有人擅長做喔」。

對我來說並不擅長的工作，不見得對任何人來說都會是如此，甚至有人會喜歡我所討厭的工作呢！這個發現讓我茅塞頓開。

試著坦率說出自己的真心話，宇宙會給予更好的回應。這就是我所學到的教訓。認為工作很痛苦的人，這也是我想要傳達給你們的訊息。

「OK再OK」接受情緒，財富就會圍繞著你

我相信有很多人都有金錢方面的煩惱。想要自己的金流變好，以及放下對財富的心理障礙，我有一個理解重點與具體實踐方式想分享。

首先談到理解重點，就是「放下所有對於沒有（財富）的否定」。手邊如果沒有錢，通常我們都會不自覺地認為**「沒有錢很糟糕」**、**「手邊沒有錢＝不好的事情」**，這樣的思維傾向非常強烈。

我自己也是多年來都這樣，或許這是人之常情吧。**但是從吸引力的能量法則觀點來看，保持在「不行！」的否定狀態下，會被捲入源源不絕的否定能量之中。**

並且，在「這個不行！」的想法中，做出判定，會讓「恩賜的能量」為之中斷。這是最可惜的部分。

在人際關係上也是如此，即使是你覺得「真討厭」、「好棘手」的人，從他們身上也可以有所「學習或覺醒」。比如可以發現「我的意圖並非如此」，或是可以看出「原來用他那樣的意識生活，現實狀態會變成這樣……」從讓你感到討厭的人身上，其實也能得到很多好處。

因此，不管內心多想大聲吶喊，若能用平靜的方式接受，是下一次飛躍邁向光明未來的第一步。

回到財富方面。對於自己沒有錢這件事，不要自己輕易做出判定。例如「因為沒錢所以不行」、「沒有錢的我是個沒用的人（有些人甚至會因此自卑、憂鬱）」。

認為「不行！」並做出判定的當下，一切就結束了。吸引力將好轉的光線截斷，對於沒有錢這件事沒有辦法再否定。

「我沒有錢。」

「應該有部分的我想要否定這一點吧……」

當你感受到上述這個意識的能量時，請先給自己一個「ＯＫ」的訊號。如果陷入完全沒錢的狀態，其實是「接下來要出現的財富已經準備好了，而且會非常豐盛」這樣的狀態。

失戀之後想要找個新對象，也是同樣的道理。當你緊緊抓著前男友／前女友（而且那個人並不具備能帶給你幸福的能量），新的更好的緣分就不會到來，等於陷入「零＝沒有」的狀態。

當金錢減少或是沒有的時候，比起認為自己是處於沒有的狀態，倒不如將其視為在學習改變金錢流向的階段，並好好地接受現況，總之，務必先不要否定沒有錢這件事。

那麼接下來就是付諸行動實踐。當你沒有錢的時候，難免會有消極情緒浮現、對未來感到不安，這些情緒都是正常的，只要常常對自己說**「不管發生什麼事，都是OK再OK」，在不否定一切的情況下接受當下的情緒。**

更重要的一個關鍵，**就是這時候要「用輕輕鬆鬆的態度處理情緒」**。

不需要用誇張、用力的方式告訴自己「好了！我接受了！」而是讓情緒保持平穩「嗯，ＯＫ！」「對的，ＯＫ！」「沒問題的，ＯＫ！」雲淡風輕地讓情緒流動過去。

總之，即使手邊沒有錢，也請讓大腦聽到一聲「ＯＫ！」然後用當下的狀態能夠做到的輕鬆心情，為情緒做個切換。

這麼做的目的，是將**「情緒已經被接受了」**這個訊息傳達給大腦。

我手邊沒有錢的時期拉得很長，但無論我如何困頓（當然我也同時實踐著吸引力法則），都會先認定當下的狀態不是「壞的」，並且「沒有否定的必要」，只是單純地接受不斷冒出來的不安與消極情緒。

這樣的情緒處理方式會變成習慣。最後就會變成「啊！我又想自己沒錢這件事了呀……」**感覺好像是用客觀的角度在看別人的事情一樣**。

如果可以做到這個程度，金錢就會一點一點變得像是上天的恩賜，困頓的時候也會有臨時的收入進帳。

我是一個單親媽媽，在我進入現在的工作領域之前，女兒跟我說她有想要做的事情，所以到一間私立國、高中完全學校參加入學考試。

後來她跟我說想要到國外的學校去上短期的英文課程，我當時手邊沒有多餘的錢，因此我跟女兒說：「因為我們沒有錢，所以恐怕沒辦法讓你去，但如果你決心要去學習，說不定在某一個時機點可以去國外唷。」

我沒有否定沒辦法讓她成行的自己，「真的很想讓她參加啊，但可惜沒有辦法。即使如此也不需要否定，單純接受就好了。讓感覺往真的可以成行的方向前進。這並不是我的問題，女兒也很努力。」就像這樣全部都用ＯＫ來加以肯定，讓想法更加堅定。

之後不久，在課程的報名截止日接近的時候，我的外婆（現在已經去世）突然走來我們家。

外婆的雙腳並不是很好，所以儘管住在同一座城市，但我們家並不是她能夠走得到的距離，然而她就這麼一個人搭公車加徒步，突然出現並喊著「我來囉！」真是不可思議。

但真正讓人大吃一驚的是，她竟突然給了我一百萬圓。當然是沒有任何特殊涵義的，單純就是突然為之。我只知道她是解除了幾個帳戶，但至於為什麼把錢給我，到如今仍是個謎。

「不要否定自己現在手邊沒錢這件事。」

「接受對於沒錢這件事的情緒，讓它變成下一次豐盛的光。」

請務必試著實踐看看。

身為單親媽媽，雖然沒有錢，願望卻全部實現

在本章的一開頭我就曾提到，請使用「超越的意識」來面對接下來的時代。超越的意識所指的就是「程度上超越大腦能計算、預測的意識」。

像是「做了A就會變成B」這種公式般的思考及意識，幾乎不可能讓世界有所改變。

我因為自律神經失調，以及心情萬般沮喪，所以漸漸跟消極狀態搭上線，照自己的期待所吸引而來的幸福婚姻，最後則把我自己搞到崩潰。理由就是我的心太過疲累。

從側面的角度來看，結果很明顯是每況愈下的狀況，然而在那之後我因為實踐了某件事，所以即使依舊沒錢，但我的願望卻全都實現了。

說到我是做了什麼事，答案就是時時刻刻都用「超越的意識」在過日子。

大腦無法計算出來的事情，或是沒有邏輯可言的現實狀況，基本上隨時都在發生，都在覺醒。所以無論面對任何事物，**都要放下「上限」及「限制」，使用超越的意識持續應對。**

具體來說，就是對於眼前所有的事實或是當下所觸發的情緒，直接坦率地認可接受。然而這並不會設下界限，隨時都要重新接受，**因為下個瞬間可能就會變成其它的形式出現。**

舉例來說，就像想要讀書但「我現在沒有錢」這個現實就活生生地在眼前。現實狀況是「現在沒有錢」。然後只要想著「我沒有錢，而我正為此而煩惱著。」不對這樣的情緒予以否定，坦率地承認就好（不要把情緒蓋起來）。

但是，眼前的現實雖然是如此，但是下一個瞬間就會完全變成不同次元，這就是意識的世界、吸引力法則的世界所提到的理論。在量子力學中，**每個瞬間都經常會打開新的次元。**

因此，**每次都根據不同的狀況重新選擇新的世界，眼前的某些事物就會展開「改變的流動」**（並不會是一口氣直接呈現結果，而是會啟動變化的流動）。

接下來想要創造什麼呢？積極地選擇並下定決心吧，選出想要放進自己世界的事物。

常有人會諮詢：「經常感到恐懼的話該怎麼辦才好？」其實，一直抱持著「說不定會發生什麼可怕的事」的想法，很容易把類似的事情吸引過來。

但是，「不管事情發生在什麼地方，那個次元都跟我的次元沒有任何關聯」，若你使用這類意識並且深信不疑，就不會產生恐懼的感覺。

所以真的不需要對任何事物有超過必要程度的恐懼，只要持續好好地決定「要在自己的世界裡放進什麼、不放什麼」就可以了。

持續執行發自本心且充滿喜悅的行動，是重要的關鍵事項。

我就是持續都讓自己這麼做。接受自己沒有錢的現狀（說起來終歸也只是一瞬間、暫時發生而已），然後好好認真地將意圖集中在自己將會變成怎麼樣。

自己決定自己的世界要創造些什麼、不要創造些什麼。

有一個詞叫作「平行世界」，其實就連我的讀者們，也都有分享許多類似像「金錢出現在空間中」、「丟失的東西再次出現」等等的現象。
意思是自己也可以創造出無數個自己存在的世界。
如果我們把空間及地形、地物，都視為一種概念，那是不是就能使用超意識了呢？

不可思議的是，大家都說「我是消極負面的人」

接下來要談的是對於自己的印象。我接受很多人的諮詢，我發現，幾乎來找我的人，都會跟我說：「我是一個消極負面的人……」

這也是我多年來的心聲，也會對外這麼說，所以很能了解他們的感受。

但是，沒想到是幾乎全部的人都這麼說，讓人大感意外。

重點是，消極的情緒猛然浮現，心情一瞬間低落到谷底，這樣的情況每個人都曾有過，但卻有很多人會在體驗過一次之後，就替自己貼上了「我很消極」的標籤。

然而，這個標籤會創造出一個心理障礙，然後就會變成「我是個打從心底就消極負面的人」。

我想，對於整體的理解，先讓我們試著用寬鬆一點的標準看待。

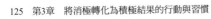

比如「人總會有消極低落的時候」、「那時候的我是消極的」之類的想法。

事實上，我們人的情緒是處於不斷滾動、時刻都會產生變化的狀態，所以嚴謹地說：「那時候我產生了那種感覺。」這樣的說法才是正確的。

而且，這樣的理解方式會讓吸引力法則的能量為之提高。

為什麼呢？就像我前面所提到過的：

因為不會認定「我這個人就是這樣！」，將能得到放下限制之後的思考及意識。

放下限制的意識去生活，「奇蹟」就很容易發生。所謂的奇蹟，指的就是「不可能發生的事」、「沒有道理的事」。大多數的人並不相信奇蹟就存在於離自己很近的地方。

但這其實是吸引而來的障礙。就一般常識性的意識來說，每當有願望浮現時，人馬上就會陷入限制性的意識開始進行計算，想著「反正我就是這樣的程度而已……」如此一來，那個常識就會變成一層外包膜，隱藏在我們內心的本質或無限的可能性，就全部都無法讀取了。

我的狀態並不是已然決定的。每一次每一次的我，在那個當下全部都是正確的。

不要給自己定位，我相信就不會再出現類似「我……就是這樣的人」之類的限制性語言了。

「我們都會有消極負面的時候，然而也都有可能在下一個瞬間就轉化。」如果能夠了解量子力學的原理，我想或許更能體會這種感覺。

雖然處於消極狀態，宇宙卻連續三次回應同一個答案

在這個社會上，因為舉目望去都是人，所以如果有不懂的地方，或是產生人生的煩惱，大部分都會向他人詢問。我想，可以客觀地聽取他人的意見是好事，畢竟好歹可以當作參考，但如果找了人討論，並且還將對方所說的話照單全收，順著人家的話去做，完全沒有自己的想法，那可就有問題了。

像這樣的人，請務必養成跟偉大的「宇宙小姐」（對宇宙說話時的稱呼）對話的習慣。宇宙是非常厲害的。不管你問什麼，都一定能夠得到答案。我只要一碰到問題，就一定會問宇宙「這到底代表什麼意思？」

在你需要的時候，一天二十四小時無論何時都可以提出問題。宇宙會在最恰當的時機給予回應，所以不用執著於答案，當下先去做你能夠做的事情，然後靜靜等待即可。

我的女兒就曾經問宇宙同一個問題三次。她問的是「……這件事怎麼樣？」當她聽到了宇宙回應的答案後，心裡也覺得可以認同，但因為還是感到難以理解，所以禁不住在心底想著「這真的是來自宇宙的答案嗎？」

此時，只要坦率地再次請求：「真的是這個答案嗎？因為我有點無法理解，所以如果真的是如此，請再給我一次同樣的答案。」

女兒再次得到同樣的答案。但她仍舊無法確信，所以她又下了一次訂單：「第三次誠心誠意地詢問，如果真的是如此，請再給我看一次答案。」

結果，第三次她還是得到同樣的答案。宇宙小姐人真的很好。所以如果她所給的回應讓你覺得「這真的是答案嗎？」我相信對她提出「請再告訴我一次」是絕對沒問題的。

但是，請問個三次就好唷（笑）。因為如果你沒完沒了一直重覆提問同一件事，會變成像是不信任宇宙小姐。

對於我們提出的問題，宇宙會給予回應，而且若答案讓人不安，她還是會讓我們看到好幾次。

第 3 章 — 重點整理

☆ 顯意識的思考能觸及的範圍是有限的。如果想要追求更高層次的思考，就要用「超越的意識」。

☆ 被消極狀態擺布，身體所受到的傷害會比心靈更甚。

☆ 影響人們至深的信念（思考及意識），甚至會扭曲認知及覺知。

☆ 不管發生什麼事，都持續用「OK再OK」的態度面對，那麼財富也會圍繞著你。

☆ 就算有消極負面的情況發生，也能在下一個瞬間完全改變，所以不要為自己貼上消極的標籤。

第 4 章

面對負能量，接收宇宙訊息

請不要客氣，多聽聽宇宙的聲音吧！

不知道為什麼，我們都「喜歡修行、苦行」，並且不管發生什麼事都想要自己獨力解決，因此總是有努力過了頭的狀況。

關於看待自己的想法及情緒這個主題，或許你會想說「必須要自己多做一點」。但是！請務必拋開這樣的想法。換句話說，決定不要自己獨自努力的人，得到的好處絕對比較多。

在前面章節曾介紹到一個我所推薦的好習慣——「向宇宙提問」。可能有很多人會說：「我好像聽過這個說法。」不過接下來我還是就「這個方法好在哪裡？」「具體來說該做些什麼？」等問題來加以說明。

「這到底是怎麼一回事？」每個人應該都遇過讓人湧現一大堆疑問的事件吧，或是對於某件事總是會產生同樣的情緒反應，因而讓人心想「到底為什麼會一直冒出這種想法？」這些都是當進化的訊息出現時，你覺得必須要弄清楚訊息到底想傳達什麼的時刻。

此時請「不要客氣，試著問宇宙看看吧」。

實踐的方法很簡單。

一旦有疑問浮上心頭，請盡情地用最直接的感覺提問：

「這究竟代表什麼？」

可能有人會想，「說是宇宙，但哪裡是宇宙呢？」我個人是採用對著空中發問的方式進行。雖然是向著天空，但感覺其實很近。朝向空間提問的方式也可以。

因為這過程中看不到詢問的對象（空間的對象之類的），所以可能有人會覺得像是自己在問自己，**但請將意識調整成「對著宇宙、天空、空間（能量）發問」**。

在此之中最重要的關鍵就是「坦率地發問」。

「我不懂，請教教我！」讓自己宛如一個單純的傻瓜般發問（笑）。

「詢問宇宙」這件事，事實上也是在詢問自己的潛意識及大腦。因為我們的身體及心靈同時在聆聽著那些喃喃細語，因此大腦也會開始搜尋答案。

最終這些全部都會跟宇宙相連接，答案則會透過靈感湧來，像是與人談話中所聽到的訊息、在書本中看到的資訊等等，宇宙的回應會藉著各式各樣的管道傳達，讓人感覺到「說不定是這樣」。

若能養成詢問的習慣，「接收」的敏感度也會提升。對於訊號的覺察會更加容易，自己不懂的事情也會有指導訊息傳來，這樣的信賴感會慢慢建立起來。

抱持著「了解那些我不懂的事」，或是「因為我不懂，所以不要讓我自己一個人太過辛苦努力，教教我吧」之類的意識，讓自己跟那些頻率對接。大腦經常會對問題產生反應。「這是什麼？」一旦像這樣發出疑問，大腦就會開始搜尋答案，所以探索的機能會更加活化。

這會跟宇宙的能量相互連接，因此所有管道都會說著同樣的話語。若能養成習慣，有不懂的事情就一一向宇宙提問，慢慢就會變得習慣於放下那個努力過頭的自己，所以請多多在日常生活中使用喔。

能量的存在不會用言語傳遞

雖然我提出「不懂的事情就向宇宙提問並接收訊息」這樣的建議，但因為宇宙是以能量的方式存在，所以沒有理由直接像對話一樣透過說話來向我們表達，也不會發生「並不是這樣喔……」之類的對話。

基本上我們身處的世界（三次元）跟更高次元的波動（頻率）本來就不一樣。

因此即使有某些訊息降臨，但若是我們無法做到「跟那一邊（宇宙能量）的能量合而為一」，頻率無法對接，就沒辦法接收訊息並理解。

所以我想，只要逐步練習提問就可以了。

但我的意思並不是「請不要抱持自己的意識、不要採取行動，把為了得到訊息這件事全都交給別人」。

當你帶著「我想要這麼做！」「我想要變成這樣！」等等的願望或意志，並且實際採取行動，但卻突然覺得不知道為什麼沒有實現的時候，或是陷入「自己一個人無法解決」的想法之中，為了得到宇宙的支援、為了重新跟宇宙對接，所以才去發問。

對我們來說，**比起自己一個人，老是抱著痛苦的想法努力，不如隨時保持跟宇宙一起前進的姿態，接收宇宙最大的幫助，這是最大的前提**。

請記得，宇宙小姐一直都會在你的背後支持你，必要的時候也會給你訊息，所以一切都沒問題的。

明明進化成堅信不已的思維方式，但卻還是感到痛苦，此時就不要再客氣，直接問「為什麼會這樣？」即可。

我已經提過好幾次，能量的存在本身不會直接跟我們對話。自己的意識跟宇宙的訊息合而為一的時候，有時候會有語言浮現出來，這也是宇宙、上天或神明語言的一種象徵，以能量存在的方式傳達訊息的一種模式。

因為我們的潛意識也會跟宇宙相互連結，所以就將意識好好對準你想要方向，依序決定好自己想做的事情，然後開心地採取行動吧。

接收訊息的方式很多種

那麼，接下來要談的是接收訊息的具體方法。提出問題之後，接收訊息的方法（用「宇宙傳達訊息給我們的方法」這樣的說法應該比較貼切）真的非常多。

為什麼這麼說呢？因為宇宙小姐沒有辦法直接用語言跟我們對話，所以就會依照我們所處的環境或狀況，選擇當下最適合且最容易理解的形式來傳達。

對於我們提出的問題，最常見的回應方式有「電視中正在上演的戲劇台詞」，或是猛然翻開的書本頁面內容，還有遠方傳來的話語等等，這些你是不是有聽過呢？這些就是最具代表性的訊息接收方式，也可以說是一種捷徑吧。不過，形式並沒有任何侷限，宇宙會用各式各樣的方式來回應我們。

例如：

- 搭乘公車的時候，眼睛往車窗外看，映入眼簾的廣告看板上有訊息。
- 裝著新買衣物的提袋上印著英文，翻譯之後正是問題的答案。
- 他人的對話自然傳到你的耳裡，而那正好就是答案。
- 跟你擦肩而過的人在那個當下所說的話，剛好就是訊息。
- 走出陽台準備曬衣服時，在公寓下方玩耍的小學生們大喊了一句「〇〇〇！」而這句話剛好是答案。
- 各式各樣的意志或意圖從內心深處湧出，或是「這樣好像也不錯」之類的靈感浮現的時候。
- 提問的答案在夢裡出現（後續會寫到這種體驗的分享）。
- 提出請求：「我想要做出這個選擇，如果真的可以，請讓我看到〇〇。」結果就真的看見了。

諸如此類。

右側的列舉，有一個特別畫線，我想應該有很多人到目前為止幾乎都是向別人丟出疑問，然後直接照著別人的說法去做，然而只要開始向自己提問、向宇宙提問，就能實際感受到**「怎麼做比較好的靈感或意志湧現」**。

這是感覺越來越敏銳，並且開始跟自己的本質相互連接的訊號，所以宇宙所傳達的回應就能夠透過自己的感覺來接收，像是「但應該不是這樣吧？」「就這麼辦！」之類的想法。

「照狀況、環境來看，現在就是宇宙回應的時機！」配合這樣的時刻去接收，你所詢問的答案就降臨了。得到答案之後，請給予信任（下定決心即可），並照著日常的方式過生活。

吸引夢的訊息

在前一個小節我有稍微提到，有時候我們所提出的問題，訊息會直接進到夢裡。這是我女兒的例子，她為了踏上自己所期待的未來方向，不惜重考、努力準備，但前期測驗結果卻不理想，龐大的壓力導致她的身體崩壞了。

雖然明知道擔心的心情（能量）並不好，但在一旁看著她的狀況，還是忍不住會擔心。因此我就一邊接受了這種消極負面的情緒，一邊在心底對她喊著「沒問題的」，替她加油。

在這個過程中，我給了女兒一個建議：「為了打從心底想要做的工作，你如此耗盡全力認真讀書，但卻沒能得到好的結果。關於這件事，你試著問宇宙看看吧。」

女兒說：「這種事情我完全不懂，請用容易理解的方式教我，讓身為吸引力法則初學者的我也可以了解這是怎麼一回事。」

此時女兒所請求的是「請讓我夢見」。為了從事專業工作而重考了兩次，偏差值及模擬考每次都拿到A，但就算是這樣，卻還是在前期測驗全軍覆沒。

她提出了以下兩個問題：

1. 我滿懷著熱情決定了理想中的未來方向。但都已經認真念書到這種程度了，卻還是無法錄取，是不是因為這條路（這份工作）不適合我？

2. 如果這條路真的可以，請告訴我接下來會錄取哪一所大學。（↑該怎麼說呢？真是一個直截了當的問題啊！）

狀況大致上就是如此。她非常認真地提出了問題。在睡前對著宇宙（對著空間）提問，然後便就寢了。

結果很快地在隔天她就告訴我「夢到了」，說是好像還是走這條路比較好。她接著詢問「會錄取哪一所大學」，結果回應分成好幾個階段降臨。

第一次的夢。

有電車在五條軌道（車庫）上，第一台電車的正面寫著「模擬考」。接下來的軌道上沒有電車，然後第三條軌道上停著的電車，正面寫著她為防落榜而報考並錄取的大學校名，第四條軌道也沒有電車，第五條軌道上有電車，但沒有寫名字。

沒有名字的應該就是所謂的陪榜，而這五條軌道指的就是女兒當時要去應試的大學數目。

她在「模擬考」總是拿到A，被判定在合格的範圍內，所以可以了解，**有停電車的軌道代表著「合格錄取」**。不合格的學校有兩家（在那個階段），錄取了為防落榜而報考的學校也會顯示。

如此說來，那一台沒有寫上名字的電車，代表著這條路可以選，而且接下來還會再錄取一間大學。

後來她再次對宇宙提出了第二個非常直接的問題：「我接下來的後期考試，跟前期考試所報考的是同一間大學，所以究竟我會到哪一所大學就讀呢？」

答案並沒有馬上降臨，不過她也不以為意，持續提出問題。

有趣的是，進入後期考試階段，到了女兒認為自己應該考得上的那所大學發表考試結果的當天，她夢到了四個像是大學教授的人對她說：「很可惜你沒有錄取。」夢境所要說的是「沒有緣分」。明明應該具有足夠實力的女兒，就這樣再次陷入擔憂煩惱之中。不過，她並沒有就此放棄。

因為夢中的第四條軌道雖然沒有停著列車，但是第五條軌道有一台。

她努力讀書拚到最後，就在她考上的那所大學發表結果的前一天，她夢到自己在學校參與社團活動的縣大會時，有一張長長的白色紙張，像布幕（橫掛布條）一般掛在教室，上面寫著大學的名稱，以及「恭喜」幾個大字。

做了這個夢之後，她似乎就此確信事情真的會這樣發展。雖然一路拚戰到最後，但對於自己懷抱著熱情所選擇的未來道路，她並沒有放棄行動（讀書），花了這麼長的時間才終於完成，更沒有捨棄對自己的慰勞及信賴。

然後，宇宙就跟她說了，「是要去這裡唷。」

直到最後都沒有放棄，真的是太好了！現正享受著快樂學生生活的她，還是會想起這個往事。

那麼，接下來要介紹的是女兒轉換訊息的方法。

（提問的方法）

「我是吸引力法則的初學者，不太清楚狀況，所以請透過『語言』來教我。如果能用**書寫的文字或說話的語言來教我，我會非常開心的。**拜託了。」

大致上就是如此。重點在於（「絕對是這樣！」這種心態所帶有的能量，代表對於得到答案的執著，所以最好不要使用），就如同她所期待的，說話的語言（「很可惜你沒有錄取」這句告知的話屬於此類），以及「〇〇大學的橫掛布條」這類的書寫文字，兩方面都接收到了。

坦率地提出問題是最重要的。**願意使用全身、能在體驗中享受樂趣的人，宇宙小姐就會想要一直提供幫助**，所以我希望越是願意採取行動，越要向宇宙提問，藉以保持良好的溝通。

靈感與吸引力

我曾經體驗過在對宇宙提出某個問題，接著等待訊息的過程中，突然有靈感湧向我的心。

靈感也可以說是來自潛意識的聲音，如果我們養成了探問本心的習慣，或是在行動的過程中遇到不懂的事情，立刻習慣性地向宇宙下訂單，提出內心的問題，那麼靈感湧現的狀況就會越來越多。

訊息會以「一閃而過」的方式呈現，不過反覆多問幾次，接收訊息的感覺就會變得更加敏銳。

沒錯，**並非只有特別的人會湧現靈感，這是每個人都會有的現象。透過培養向宇宙或自己提問的習慣，就可以「養成」**。

就感覺來說，「答案是自己從內心自作主張回應的」，或是「雖然詢問宇宙，但訊息卻是自己找到的」可能多少會有之類的想法。不過這終究是宇宙小姐送來的訊息，讓我們的大腦（潛在意識）有所反應，因而才能有所連結。

透過發問的習慣，任何人都可以培養出靈感力。

所以請在日常生活中多問問自己（而且別光只是發問，還要傾聽發自內心的聲音，並照著實踐、採取行動），並且養成多多對宇宙下訂單、多多發問的習慣，讓自己轉化為具有吸引力的體質。

數字訊息和吸引力

跟宇宙往來的時候，數字是非常好用的媒介。但因為數字跟語言不同，所以根據我們所詢問的內容，訊息的傳遞方式大多會較為抽象，或是會以比喻的方式呈現。特別推薦大家可以建構屬於自己的詢問方式及接收方式（這方面可以自己決定沒關係）。

在此我試著列舉幾個數字訊息的特徵：

反覆看到好幾次同樣的數字（查詢一下該數字代表的意義，就能了解訊息的內容）。

反覆看到好幾次的數字，是對自己來說具有特別含意的數字。

將看到的數字當作文字運用，可以得到雙關語，而那就是訊息（比如9696＝GOGOGO，918＝加油吧）。

大致上是這樣的感覺。

如果想要仔細問個清楚，可以試著用以下的方法做做看，這也算是一個模式。

- 「我決定要做這個選擇。如果可以，請讓我看到數字〇〇。」
- 「我決定要做這個選擇。如果可以就這樣去做，請讓我看到××次數字〇〇。」

大致上是這樣的感覺。

宇宙小姐的基本立場會再次傳達給我們，不過對於我們所做出的選擇，**宇宙小姐基本上都會說「GO」**。

就算選了之後覺得「好像不太對耶」，還是可以採取行動，等到發現問題時再做修正，這樣也能讓我們從中學習到經驗，所以不管怎麼說，只要決定了，去做就對了。

因此，「我已經做好決定，所以如果可以採取行動，請讓我看到數字〇〇！」這樣的問法要說奇怪也的確是有點奇怪，但我們總是會有想要勇氣的時候。所以雖然決定要去做，但內心難免還是會覺得遲疑或害怕，此時，只是想要有人喊著「去吧！我支持你！」並且在背後推我們一把。

這樣的時刻如果可以從偉大的宇宙那裡得到「GO」的訊號，就能讓人充滿勇氣。

因此取得數字訊息的方法，與其說是「得到問題的答案」，倒不如說是比較接近得到「在後面推一把的力量、支持的力量」。

「啊，果然沒問題啊！」想要在前進時抱持自信，以及很害怕但還是決定要去做，在這些時候，請務必試著向宇宙小姐提問，然後請求宇宙小姐「用數字來告訴我！」

培養訊息的解讀能力

宇宙小姐總是會在經過多方考量然後才給予呼應當下狀況且最適合的訊息，不過那幾乎都不是很直接的內容。

當然你可以在下訂單的時候說「用淺顯易懂的方式傳達」，但我希望大家不要忘記「當下的回應就是最棒的形式」，如果你心裡想的是「必須要照著我所說的來給予回應」，那是不恰當的。

因為對宇宙來說，**接收訊息這件事，其實還有包含「學習及進化的過程」**，所以偶爾會有一些難解的狀況發生，讓人不禁覺得「這倒底是怎麼一回事？」然後許久許久之後才恍然大悟說：「啊，原來是這樣！」

比方說提問之後看到答案的「簡單化版本」，或是看到某些東西自己覺得「這應該是訊息吧」。基本上答案這東西都不是恰巧出現的，之所以會讓我們看到，就是要讓我們想到是不是有什麼訊息要傳達，這也是其中一種機制。

可能這會讓人覺得……還真是曲折離奇啊，但就像前面所提到過的，我認為宇宙在傳遞訊息的時候，並非單純只是要把通知送達，**而是要希望能讓屬於接收方的我們「有所進化、有所發展」**。為了要讓我們越來越幸福，所以不能光只是把答案給我們。

「要不要稍微看一下這個，接收一下感覺看看？有沒有察覺到什麼呢？」

類似像這樣的訊息傳遞方式所在多有。透過某種東西來做比喻的情況也有。

所以請相信送達的形式是最佳狀態，並且在解謎的時候也請保持開心的立場。這個模式下的訊息不光只是訊息而已，大部分裡面還隱藏著讓進化大為加速的重要線索。

如果想著接收不到，那就真的接收不到

現在來談談詢問宇宙時的基本立場。

對於自己的心願（訂單），或是發問之後的答案降臨的時候，我希望大家都能全然相信，這是非常重要的一件事。

如果你覺得自己可能沒有辦法完全相信，請告訴自己「一定會來！」這樣也可以。這跟相信是一樣的，所以假如你對此還存有疑問，就請先認定答案一定會來吧。

就一開始的立場來說，如果心裡想的是「我接收不到」，那真的會變成什麼東西都接收不到。

向宇宙許下心願也是如此。如果內心想著：我接收不到豐盛的財富、我找不到最棒的夥伴。那麼，假設你想在自己喜歡的工作環境中好好發揮，等到宇宙給的機會真正降臨，你能夠順利接收下來嗎？

像這樣心存懷疑，沒有「給接收到的東西一個許可」，也就沒有辦法接收到向宇宙發問的答案。

所以平常就要抱持「大方地接下想要的東西」、「煩惱的時候大方地接收幫助」、「收下來就對了！」等等的意識，這是非常重要的事情。

請讓疑問保持剛浮現時的純真狀態（保持文字浮上心頭的原貌），爽快地就這樣對宇宙送出訂單吧。接著，在送出去之後，就先認定並接受「必要的答案一定會降臨」。

這一點也可以從大腦的性質來加以說明，當我們帶著「不了解」的想法去解決問題時，問題就真的會解不開。跟光說「不知道」比起來，雖然不知道但卻決定要讓自己「感覺好像知道」的態度，更能夠順利把問題解開。

人類的意識對於大腦系統的影響就是這麼大。大腦跟宇宙是相互連接的。並且這裡是送出訂單的中繼站，所以如果這邊沒有做好活化，那麼不管問了什麼問題，都不會瞭解答案的含意（有可能也會變成送達卻沒察覺）。

使用以接收為前提的意識，對宇宙下訂單，這是基本原則。

如果不發問，訊息就不會降臨

那麼，繼續來談一個有趣的話題。那就是訊息接收方式的「原始理論」。**宇宙小姐與我們接觸的立場是「充分尊重我們的想法、意志」。**

因此，「**對於沒有提問的事情，不會特意回答**」。所以如果心中有煩惱，有時候在向宇宙發問之前就解決了。

在我們自己正在採取各式各樣的行動時，宇宙並不會先一步把答案秀出來，因為宇宙最是知道過程比結果更加重要。**不做多餘的關照、不幫多餘的忙，這就是宇宙的基本立場。**

然而，當我們向宇宙下訂單，用坦率的心情詢問「這是什麼意思？」或是祈求「因為我真的很想這麼做，所以請給我支持」等等，宇宙一定會卯足全力給予回應。

這是非常容易理解的事情。沒有提問的問題不會多加回應，但對於下了訂單的事情，就一定會給予答案。

當然，有些訂單的性質是偏向類似「訊息沒有降臨吧？」這樣的問題是NG的（關於這一點會在下一小節說明）。但是，如果真的是發自內心的問題，訊息就一定會出現。所以我想，養成發問的習慣是非常好的事情，大家可以不必太客氣。

對於我們所下的訂單，基本上宇宙會照單全收。因此如果有人在日常生活中總是反覆說著「我真的很不幸」，那也會變成是向宇宙下的訂單。

而說著「我老是沒有錢」的人，終究不會被財富圍繞，不過像這樣的人往往都不會察覺到自己日常所發送的語言，其實會成為「宇宙訂單」。

就宇宙小姐的觀點來看，就會變成：「是喔，你想要老是沒有錢啊，好的，答應你。」然後就這麼實現了。

會覺得有點冷漠嗎？

然而，宇宙對於我們每一個人的自由意志，就是尊重到這種程度。

因此反過來說，**等於是任何訂單都會受到尊重**（關於無法實現的訂單，接下來也會在下一小節說明）。

自己下定決心並且逐步展開行動的過程中，如果產生疑問，或是有什麼祈願，多多發送給宇宙是ＯＫ的。

明明提問但答案卻沒有降臨的理由

有時候即使我們提問，也不會有答案出現。

在此我舉兩個例子。

首先，是把**做出選擇這件事全都交給宇宙，忽略自己的意志，只想問「哪一個好呢？」**類似像「A小姐及B小姐，要選哪一個交往才好呢？」這樣的問題。

我們所做的事情中，**最能讓宇宙感到開心的，就是「自己有好好想過，並帶著意志做決定」**。因此自己完全不做決定，光只丟出「哪一個比較好？」這種問題，答案是不會降臨的。或者有時候也會在聽到別人根據自己的價值觀說出「這麼做比較好」的建議，因而偏離了自己的軸心，甚至還誤把它當成是訊息。

對於提問之後所接收到的訊息，也有所謂的法則。

「我非常重視自己內心的感覺，帶著坦率的心情做這個決定。但沒想到現在卻發生了這種事。請告訴我到底為什麼？」

如果是這種問法就沒問題。

「這條路跟那條路，我應該走哪一條比較好呢（等於交給他人決定）？」

這樣就不行。

因為我們自己內在就具有創造人生的力量，所以在採取大量行動的過程中，能得到必要的幫助。假設陷入困境的時候，就會獲得指導。這樣的人可以在一瞬間接收到訊息，並且俐落乾脆地逐步實現理想人生。

第二個，是宇宙聽到「想要照著自己的想法去控制某人」的心願。

「我想要那個人被調走，但卻都還沒成真，為什麼呢？」

這個例子雖然有些極端，但就像前一個小節所提到的，宇宙並不會去控制我們每個人的自由意志，而是希望我們都能自己選擇願望、創造人生。

因此，「只想要自己變好」、「無論如何都想要自己的想法成真」，還有「不管他人如何，凡事都以我為優先！」如果意識有以上這些傾向，那麼頻率就無法順利傳送宇宙了（下降）。訂單無法送出，回應就不會降臨，當然也就沒辦法接收訊息。

第 4 章 — 重點整理

☆ 實現願望的過程中，如果產生任何疑問，馬上向宇宙提問就會有訊息降臨。

☆ 宇宙所給予的訊息會有夢境或靈感等等各式各樣的形式。

☆ 對於訊息，要帶著期待解謎的心情開心地接收。

☆ 不要想著「我接收不到」，而是要認定自己接收得到。

☆ 宇宙基本的立場，是「對於沒有提問的事情，不會特意回答」。

第 5 章

轉換時間的概念，專注於當下

時間不是一條「線」，而是無數個「點」

終於來到了最後一個章節。本章要談的是時間的概念，我想要將其當作是將時間及時機包含在內的吸引力法則應用篇，希望能帶來一些有趣的話題。雖然說是趣味性十足，但作為意識的使用方法來說，卻對於提高吸引力具有非常好的效果，所以請務必要詳加閱讀。

順帶一提，我自己因為改變了時間軸的概念，產生了幾個明顯的變化。

第一是肌膚變漂亮了。

說到時間馬上就為讓人聯想到年齡（意思也就是時間的累積）。將這個年月流轉的概念加以轉變，肌膚就會明顯產生變化。

當然這不僅只是意識的關係，飲食及生活習慣也會有影響。有人認為只要專注於意識，忽略身體沒有關係，但這是錯誤的。

我們人需要透過使用身體來獲得許多開心且豐盛的體驗，因為肉體是從宇宙小姐那邊得到的，在不使用身體的情況下讓一切徹底改變，這種事是不可能發生的。

接著繼續聊肌膚的話題，我想應該有很多人都會認為過了十二個月就多了一歲、老了一歲。恐怕這已經成為自動執行的程式。

但是，量子力學就說明了這一切都與時間無關。最重要的是意識朝向哪裡，吸引力就會出現在哪裡，但如果能將時間的概念也做個轉換會更好喔。

一直以來我們都把時間當成是從過往連結到現在的一條線。

但是量子力學說，**這一切都跟時間無關。時間其實是呈現被切碎的狀態。**

如果認為有所謂的明天，那麼當下的現實也都將會納入時間軸之中，明明想要改變現實狀況，卻會受到過去強烈的影響。

沒有辦法將意識集中在現在這個當下，光是想著接下來該怎麼辦、想要創造些什麼等等，這樣的意圖是不可能讓人有所覺悟的。

這是為什麼呢？因為你認為時間是一直線，所以當然會覺得從過去拉一條線持續貫穿的時間，會對現在造成影響。

在量子力學中，無論是我們的身體（細胞），或是眼睛看不到的思考及意識，全部都是由基本粒子的能量所組成。

而且，時間也是基本粒子。每一次每一次的瞬間，都是當下的時間出現、被吸收、然後再次出現的反覆運行，所以時間並不是線，而是反覆出現的點、點、點，這就是量子力學的解釋。

更進一步來說，那些點、點、點之間並沒有任何連接。

一條線被切碎變成無限個點，意為每個當下全都是以單一個體的狀態存在。時間是已被切成一個瞬間、一個瞬間的方式呈現。

聽起來很不可思議。但是開始採取這個思維方式之後，我就感覺到自己的身體開始產生變化。

我想是因為我已經不再認為自己每天都往逐漸老去的方向活著，所以肌膚才會變漂亮。

我並不是在自吹自擂，但在開始投入這份工作的時候，我大多非常忙碌，幾乎跟前一份工作一樣（不，甚至還要更忙）。出差到全國各地、寫了好多本書，還有一年四季幾乎都馬不停蹄地在做初級療癒。

外食的機會非常多，就寢時間沒有規律。睡眠時間大多也都很短。因為我是在做自己喜歡的事情，所以感覺非常開心，但就肌膚的層面來說，恐怕完全不是什麼太好的工作環境。

基本上我沒有花太多時間和工夫在自己的身體上，只會出聲呼喚一直以來都對我很好的身體，跟它說聲謝謝，如此而已。

但是，儘管我用這樣的方式在過日子，肌膚卻還是變漂亮。斑點消失，而且肉體年齡應該是會一年一年隨著物理性的時間而變老，但我卻沒有長什麼皺紋。以前在這方面我可是有非常多困擾的呢。

這樣的變化是由於**大腦內部的時間軸有所改變**所帶來的。

因為我知道自己可以選擇時間或哪一種年齡的感覺去生活，所以就積極地將這樣的想法放入意識之中。只因為現在發生了討厭的事情，就覺得明天也會同樣遇到討厭的事情，因為一切都是用線串聯起來的。這樣的想法可以放下了，採取量子理論的思維就好了。

我深切了解到，「現在這個當下會對下一個當下（未來）產生影響」若能把這個的信念放下，就不會被過去影響太多，而且更重要的是，只要把想法調整成「接下來自己想要怎麼做」就可以了。

當下的時間以及接下來即將到來的時間，每一個時間都是被切斷的。這就是時間的真實樣貌。

我們在意識上會認為往昔（過去）和現在之間有一條線串聯著，並且在無意識中養成「前不久發生了那種事，所以接下來也會再發生」之類的信念，這都只是因為用這樣的方式比較容易維持而已。

不要將意識投射於時間軸

如果有人覺得「跟痛苦的過去及不符期待的現實狀況做切割」是一件很難的事情，那請參考一下接下來這一小節的內容。

根據量子理論，被觀測的對象（＝希望能「創造這個物理次元！」）會受到「觀測者＝我們的意識」所影響。

這裡所謂的「意識」所指的多半是「潛意識」，也就是大腦在無意識的層級中所記錄下來的資料，會對物理現象產生強烈影響。因為資料＝「記憶」。

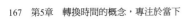

不管是剛剛才發生的事情，或是不知道幾年前所發生的事，大腦都會創造出「記憶」。

以極為短暫的時間保存下來的稱之為短期記憶，而印象深刻、一直都記得，讓人無法忘懷的記憶，或是深入到潛意識的記憶，則稱之為長期記憶。

無論是短期記憶或是長期記憶，都是我們對於事件的反應所產生的「情緒」。常見的有開心、快樂、痛苦，悲傷、寂寞等等。

接著在此將時間軸的觀念加上去，**這些被記下來的事件或情緒反應，不只是在事件發生的當下那個瞬間存在，就連昨天、今天、剛剛過去的瞬間……我們也都會無意識地把它們從記憶中召喚出來，自己在大腦裡再次回放。**

因此才會讓人強烈地感覺到時間是串聯在一起的。

只要能抱持著「不把意識投射在時間軸上」的意識，並且將不需要的記憶切除，立刻就能改變意識的次元，創造新的且符合期待的現實狀態。

過去和現在不是連續的

時間跟過去沒有任何瓜葛，理解這個觀念以後，接下來試著練習看看「討厭的過去記憶跟現在無關」。

舉個例子，比方說一天前被男朋友甩了，這是個令人感到非常衝擊的往事。

如果將時間軸看成一條線，那麼就會認為時間從過去到未來都是連續的，也就是男朋友已經離開的狀態一直持續。

沒有男朋友這個現實狀況從昨天就開始了，一直持續到今天，就連明天也會如此，大腦這樣擅自創造了一個連續的時間軸。

這些都切切切，切成了那個當下的時間，那個現象只有在那個瞬間出現，然後馬上就結束，一切就這麼反反覆覆地發生，如果用這樣的方式來看，下一個瞬間的時間就會變成是「男朋友還在」的狀態。這個狀態是非常合理的，反過來以此為目標，讓自己做出選擇，就會產生這樣的結果。

面對這樣的狀況，只要好好地「運用自己的意識」就可以了。

在量子力學中，我們的意識可以介入「外在現象＝三次元」的形成或現實狀況的創造。此處的專業用語就是「觀測者效應」。

這個理論是指事物會因為被我們看到（意識到），而使得能量從頻率（波動）轉化為粒子。

然後粒子會進一步轉化為形狀（稱為現象化）。就我所舉的例子來說，重點就是在於可以創造出一個新的男朋友。

所以請放下對時間的既有觀念，同時好好地想著自己想要的未來如何？這麼一來應該就能漸漸地感受到身體的改變。

畢竟首要之務就是改變意識。

創造「每天都宛如新生的我」

延續上一節所舉的例子，繼續深入探討重要的話題。昨天被男朋友甩掉的A小姐，因為處於昨天到今天的時間軸之上，所以認為昨天被甩掉的事實「就從今天開始起算」。

開了頭之後的事情會一直持續下去，對吧？因為現在她已經使用開始的意識，所以接下來自然而然就會認為一切將就此持續下去。

然而，**這是時間軸的感覺陷阱**。

在量子力學的領域裡，所有浮現於表象的事情（呈現在外的現象），全都已經成為過去。

沒錯，**「被甩了」並不是一個開端，「被甩了」一切就結束了！因為沒有道理持續**

下去（被甩掉的狀態如果一直持續，感覺很討厭）。

對外成為現象後的那個時間點，事情就完結了。這種感覺浮現於外境的時候就宣告結束了、畫上句點了，請抱持著「那麼，來創造新的實境吧」這樣的想法。

範例：

- 破產的當下不是開始，而是破產的結束。
（因此接下來就可以把意識對著「放入嶄新意圖」的方向。）
- 失戀的當下不是開始，而是失戀的結束。
（因此接下來就可以把意識對著「新的絕佳伴侶將出現」的方向。）

大致上就是這樣的感覺。一旦採用了這個思維方式，就可以每天每天創造「我很快樂」的現實狀況，也不會再受到過去的時間流或事件所影響，在每一個瞬間都只屬於那個當下，感覺就像是創造出一個又一個單體的時間。

專注於當下，頻率就會改變

接下來繼續深入探討與時間的概念共處的方法。在量子力學中有個說法是「未來就是下一個現在」。重點在於透過現在、現在、現在的連續，讓時間能夠成立。

下一個現在只是為了方便而叫做「未來」而已。不久前的現在則稱之為「過去」。

而在吸引力法則中，有一個法則是「現在這個瞬間的能量（波動、頻率），就是創造下一個現實狀態的種子。」

所以如果自己當下所發送的波動（頻率）是好的，就很容易可以吸引到下一個讓人心情愉悅的現實到來，因此，我經常建議大家，要避免讓自己為了「該捨棄的過去」或「還沒發生的未來」而陷入不安。

不過，常會有人向我表示無法理解「專注在當下」的意思，所以在此我要將穿越時間軸、專注於當下，並讓能量獲得提升的方法分享給大家。

請多加重視自己內心的感覺，藉著對自己發問的方式度過每一天吧。比方說早上起床之後，問問自己的內心「今天早上想要吃什麼呢？」此時如果得到「想要先來一杯美味的咖啡」這樣的答案，那就這麼做。

接下來談到重點。此時不要毫無意識地光喝咖啡，而是要將意識單純灌注到「喝一杯美味的咖啡」這件事情上，請一邊倒入熱水，一邊看著從濾滴式咖啡壺中滴下的咖啡。

如此一來，可能會產生「整個心都被喝咖啡這件事情占滿了」的感覺。

吃早餐的時候也是如此。在喝味噌湯的時候，會不會開始想著接下來的行程安排？我覺得每個人都是如此。我自己也是這樣，由於生活非常忙碌，所以在吃飯的時候，我總是會一邊思考接下來的預定行程。

然而，這麼一來感覺就會變得遲鈍，就連當下吃東西的味覺都變遲頓。這就是「不在當下」的狀態。因為我自己也有這個問題，所以就寫下來當作是之後要改善的點（苦笑），「現在我要邊喝邊感受味噌湯的味道！」抱持這樣的想法用餐。

這麼一來就會「在當下」了。

簡單來說，**就是「傾注生命（心）」在眼前的事物上。**

當下就是這麼一回事，不要用擔心的心態介入不必要的過去及事先的安排，這樣的意識使用方法是必要的。

我想或許有人可以了解「跟朋友聊天聊到忘我的快樂時刻或歡笑時刻」、「在演唱會上一起高歌的時刻」等等，那種「在當下」的感覺。

但是，這並不是單指特別的時刻而已，將意識放在平常的生活中反覆出現的事情上，**好好體驗每一個當下的行動，光是做出這樣的練習，就能「使用波動」，輕鬆地改變自己的頻率。**

我想，說是心情絕佳的波動及心滿意足的波動，應該更為恰當吧。光是喊著「哇！太開心了！」「哇！好快樂啊！」並不是真正的好心情。

現在這個當下的感覺一點一滴地湧出，心滿意足的心靈會感到相當愉悅，在這樣的情況下，就會呈現出最佳的波動狀態，我們都要過這樣的生活。

行動不被時間軸圈囿，讓世界瞬間改變

放下時間軸的概念，完全專注在那個當下、那個瞬間，心情受到影響而左右搖擺的狀況就會不可思議地降低。這是一件非常棒的事情。

說到原因，我們的心情會被外在所發生的事情牽引，導致波動忽上忽下的，就是一個最具代表性的理由。

我常會用「氣場散逸」這個說法，意思就是當我們的專注力從自己的心或是當下應該要做的事情移開，轉往不同的方向散去，那麼「氣場」也就會跟著往那個方向跑走。「朝向氣場」、「氣場發散」，這些詞句的意涵就如同字面上所看到的一樣，氣場指的就是能量，所以當感覺往不必要的方向飄去，換言之就是「能量散去」的意思。

在生活中努力放下時間軸的概念，就會發現「氣場發散」的狀況大幅減少。所以在自己所期待的地方使用能量時，要經常保持接近滿檔的狀態，這是非常重要的事情。

有些人的氣場容易會發散到自己不在的地方，或是跟自己無關的事情上，會這樣的人，請多加透過像是「此時此刻，我只專注在喝咖啡這件事情上」、「此時此刻，我只專注在眼前的工作上」等方式，練習意識的去向。

脫離時間軸的陷阱，保存自身的能量，讓自己可以在必要的時刻全力發揮，如此一來實現願望的吸引力也就會跟著提升。

現在讓自己集中在眼前的事情上，認認真真地反覆進行，自己的世界會瞬間改變。

處於消極狀態如何行動

與其說處於消極狀態的人也可以採取行動，倒不如說是我們每個人都可以「在抱持著許多消極狀態的情況下」展開行動，並且讓願望獲得實現。

從古到今的各個時代，有非常多抱持消極負面思考，以及否定消極情緒的思維模式存在。

有很多人總是抱著「沒有正面思考不行」之類的想法，並且一心想著「那麼，想法陰暗、自我否定的我，徹底輸了」，「沒有人會來救我嗎？」

但是，將這本書翻閱到此處的讀者，應該都能夠理解，對人類來說，**沒有消極情緒反而會是一種「困擾」**。

「黑暗」是光照耀的東西，就是因為有「黑暗」，所以才能讓人更清楚知道光的存在；就是因為知道「黑暗」所以更能了解自己想要如何發光發熱。

也就是說，**消極負面要負責幫助光的部分（積極正面的部分），所以絕對不可能具有對我們的人生帶來阻礙困擾的性質。**

在某種意義上，我會希望大家先轉變成這樣的觀念，不過我想最後一小節再來做統整。

接下來，因為身在現今這個時代，所以我還有一件事非傳達不可。

不需要擔心消極負面的狀況，因為我們都已經知道有負面情緒，自己本身才能進化、發展，**所以應該要想「該不多是該要起而行了」**。

像這樣得到各式各樣的情報及知識之後，或許就能感到安心許多，覺得「呼，原來是這樣啊！我安心了。」不過，安心只是能讓心情變得輕鬆一些（而且輕鬆情緒所散發的能量，多多少少能讓現實狀況也變得輕鬆），但就創造期待中的人生這一點來看，還遠遠不足。

知道之後如果沒有付諸施行（展開行動），就沒辦法打從心底認同「即使有消極的情緒也沒關係」這樣的想法。

大腦理解，並不等於真正理解，倒不如說是知道原理了，但想要獲得「原來是這麼一回事啊……」之類的真實感受，並產生自信「即使是我也可以做得到」，終究還是要用身體實際去體驗才行。

付諸行動之後所吸引而來的東西，不管是消極負面也好、積極正面也罷，都無關緊要。消極狀態萌生的時候，只要好好地接受就沒問題了。即使做錯也沒關係，不用讓自己開始變成一個完全積極正面的人。

知道不會出什麼問題之後，就開始逐步用身體去實踐吧，去體驗看看「即使抱著消極狀態也可以實現心願」到底是怎麼一回事，讓身體覺醒是確實改變人生的關鍵。

全力以自己的意識為中心

時間是一瞬間一瞬間發生，跟過去一點關係也沒有，當我們採取行動的時候，就能夠改變命運。以上就是本章節所撰述的內容。

今後請務必下定決心，隨時隨地都全力以自己的意識為中心。中心並不是颱風眼，外面所掀起的暴風雨感覺就好像都朝著颱風眼而來，但這是錯誤的想法。

一直想著外面如何如何，難免會分心，而若想要改變人生，「應對方式」是最基本的要求。做些彌補或死撐活撐，沒辦法從根本解決問題。

就算勉強撐過去一次，之後還是會有同樣的煩惱再次湧現。而且一定會不斷反覆出現。

抱持「我自己的世界由我自己來創造」的中心意識，用意識及意志讓可見的世界為之改變，並且盡可能不要為了已經完結的過去還有尚未發生的未來擔心。

意識的覺醒必須要身體的配合，但我們對於這件事情卻是意外地忽略，甚至是遺忘了。

唯有透過使用身體的體驗，才能真正理解。所以從今以後，請隨時隨地都專注在自己的意識去過每一天。這正是宇宙的意識。

第 5 章 — 重點整理

☆ 時間並非是從過去開始拉出一條線來串連在一起，而是一個點、一個點切碎的狀態。

☆ 時間是點狀的，所以過去那些痛苦的事件，不需要拿來跟現在連在一起想。

☆ 一旦專注在「當下」，頻率就會揚升。

☆ 要知道即使處於消極狀態，也可以採取行動。

☆ 抱持「我自己的世界由我自己來創造」的中心意識。

後記

越是不想看到的東西，就越是沒辦法看不到。越是遠離不好的東西，越是能掌握讓人生大為好轉的鑰匙。

我們生而為人，都會有怎麼做都難以擺脫的負能量，因此本書所傳遞的「反」吸引力法則，就推薦大家要勇於「不斷活化」好的吸引力，並且也彙整了實踐的方法。

光要閃爍，就一定需要陰暗的支援。這個世界普遍認為積極正面（光）的存在是好的，並且將消極負面視為不需要的東西，但事實上兩者都具有同樣珍貴的價值，因此我希望透過這本書讓大家知道這一點。

消極與積極是併肩作戰的夥伴。無論是少了哪一個角色，都會讓發展及進化窒礙難行。

「愛上陰暗吧！」雖然這樣的說法可能有點強硬，但感受到恐懼與不安的時候，正也是改變人生的契機已然到來的訊號。

「真的耶，辛苦了，從以前到現在都一直忽略了你，真的很抱歉。我已經接受你了。」

只要對浮現的情緒說這句話，消極就會在一瞬間轉變成中立的存在。那是陰與陽合而為一的瞬間。對於讓我們煩惱不已的負面思考及消極情緒，不要遠離也不要蓋上蓋子，而是要盡情地用親密且開放的態度相處。

請務必好好使用這個相反的概念，也就是「反」吸引力法則，讓長久以來停滯的一切全都消融。

宇宙的本質是「全部都合而為一」。無論是什麼人、抱持著什麼樣的價值觀，宇宙絕對都不會加以否定。全部都會照單全收。不論是任何情緒，也全都接受，不會否定。會進行判定及篩選的，只有我們的大腦而已。

從今以後已經不需要再逼迫自己去尋找問題，好好地接受自己，沒有優劣之分，讓意識保持中立，只要這麼做，就能讓一切化為光。

不否定自己、不否定自己的所有情緒，不否定自己的現狀，對於想要給予否定的一切，都用「沒關係，現在這樣很好」的想法予以接受，然後請專注於眼前能做的事，以及自己想做的事上頭。

如果沒有身體，就無法體會當下的感覺。透過消極情緒及積極情緒兩方面去理解萬事萬物的真理，才會是完整的人。

MACO

國家圖書館出版品預行編目資料

負能量的吸引力法則：正視並接受負面情緒，
迎接更好的自己 / MACO著 ; 李喬智譯. -- 初版.
-- 新北市 : 世潮, 2019.5
面； 公分. -- (暢銷精選 ; 74)
ISBN 978-986-259-059-1(平裝)
1.成功法 2.情緒管理 3.生活指導
177.2 108003950

暢銷精選74

負能量的吸引力法則：正視並接受負面情緒，迎接更好的自己

作　　者 / MACO
譯　　者 / 李喬智
主　　編 / 陳文君
責任編輯 / 李芸
封面設計 / 林芷伊
出 版 者 / 世潮出版有限公司
地　　址 / (231)新北市新店區民生路19號5樓
電　　話 / (02)2218-3277
傳　　真 / (02)2218-3239（訂書專線）、(02)2218-7539
劃撥帳號 / 17528093
戶　　名 / 世潮出版有限公司
世茂官網 / www.coolbooks.com.tw
排版製版 / 辰皓國際出版製作有限公司
印　　刷 / 祥新印刷股份有限公司
初版一刷 / 2019年5月

ＩＳＢＮ / 978-986-259-059-1
定　　價 / 280元